Hans Bernd Jerzimbeck

Heinz Helfgen – Biografisches

„Warum beträgt das durchschnittliche Lebensalter des Menschen nicht 200 Jahre? Es gibt so unendlich viel zu sehen in der Welt!"

„Wer diesen unseren Planeten wirklich in seiner Realität erleben will, wird bald feststellen, dass er ihn erleiden muss."

beide Zitate von Heinz Helfgen

Heinz Helfgen – Biografisches
von Hans Bernd Jerzimbeck

Impressum

Die Deutsche Nationalbibliothek verzeichnet diese Publikation
in der Deutschen Nationalbibliografie; detaillierte bibliografische
Daten sind im Internet über http://dnb.d-nb.de abrufbar.

© 2025 Hans Bernd Jerzimbeck

Umschlaggestaltung: Standard Winword, einfarbig

Verlag: BoD · Books on Demand GmbH, Überseering 33,

22297 Hamburg, bod@bod.de

Druck: Libri Plureos GmbH, Friedensallee 273, 22763 Hamburg

ISBN: 978-3-8192-7911-9

Inhalt

Vorwort

Heinz Helfgen lebte vom 07.03.1910 bis zum 28.10.1990. Über ihn gab es auch noch in den letzten 5 Jahren neue Informationen: angefangen von seiner Lebensgeschichte bis 1939 auf *www.literaturland-saar.de* über das *Zeitzeichen beim WDR 5* zu dem 30. Jahrestag seines Todes bis zu einer ersten Korrektur der Angaben ihn auf der *Wikipedia-Seite über ihn* (wo eine Quelle aus dem *Bundesarchiv* belegt wird). Doch gibt es noch einiges, was klarzustellen und zu erläutern wäre.

Schon nach dem Erscheinen seines Buches „Ich radle um die Welt" war Heinz Helfgen mit Zweifeln aus der Leserschaft konfrontiert worden. Nach seinem Tod gibt es im Netz Diskussionen zur Bewertung seiner Bücher. Die Beschäftigung hiermit benötigt ein paar grundsätzliche Gedanken zur historischen Wahrheit und wie man sich ihr nähert. Bei allem Einordnen und Erläutern wird aber kein Anspruch darauf erhoben, dass alle in Archiven zu findenden Dokumente gefunden wurden. Doch reichen die gefundenen aus, um die Diskussionen und Interpretationen verbindlicher zu machen – und einige schriftlichen Informationen über ihn zu berichten.

Das Manuskript wurde auf die Quellen hin überarbeitet. Die stillschweigende Zustimmung zur Zitierung direkt aus unveröffentlichten Werken konnte nämlich nicht mehr vorausgesetzt werden. Deshalb wird in diesem veränderten Manuskript nur noch auf bereits veröffentlichte Zusammenfassungen und die darin enthaltenen wenigen, kurzen Zitate und die Radiosendung am 28.10.1991 zum ersten Todestag Heinz Helfgens Bezug genommen. Dies Vorgehen ist immer noch besser als die Aufgabe der Veröffentlichung, gegen die sich UnterstützerInnen und BeraterInnen – nach meinem anfänglichen Entschluss zur Aufgabe – ausgesprochen hatten. Der unfreiwillige Aufschub erbrachte aber auch neue Quellen und neue Erkenntnisse.

1 Einleitung

Am 28.10.2020 wurde ein Zeitzeichen zu Heinz Helfgens 30. Todestag im WDR und NDR gesendet[1]. Autor der Sendung „Zeitzeichen" war der erfahrene Radio- und Fernsehjournalist Marco Rösseler. Ich hatte anderthalb Jahre vorher der „Zeitzeichen"-Redaktion eine Sendung über Heinz Helfgen vorgeschlagen. Als ein Satz festlegte: „Viel Gesichertes lässt sich heute nicht mehr finden.", war ich aber sehr enttäuscht. Denn auf eine tiefere Recherche und einige gesicherte Neuigkeiten hatte ich gehofft. Heinz Helfgen war mein Idol, seitdem ich seine Bücher zur Fahrradreise um die Erde etwa 1966 mit 12 Jahren gelesen hatte. Sie waren Nahrung für mein Fernweh und Wegweiser für meine Sehnsucht nach Autonomie. Im Erwachsenenalter bildeten Bücher aus meiner Jugend einen immer wieder neu aufgenommenen Lesestoff, um mich zu verschiedenen Lebenszeiten an die Eindrücke aus der Jugendzeit und das damit verbundene Behagen zu erinnern. Als beispielsweise Aleppo im letzten Jahrzehnt in den Nachrichten vermehrt auftauchte, war die Stadt mir durch „Ich radle um die Welt" ein Begriff.

Fanverhalten legte ich an den Tag, als ich Heinz Helfgen 1985, nach seinem Radiointerview mit dem WDR, in Völklingen anrief. Es war ein Zweiminutengespräch, in dem er meine Begeisterung für die Weltumrundung dämpfte und es als „lange her" relativierte. Er verwies darauf, dass er fast an der Olympiade 1936 teilgenommen hätte. Nachdem er

---

[1] Marco Rösseler: 28.10.1990 - Todestag des Reiseschriftstellers Heinz Helfgen, Aufnahme der Sendung „ZeitZeichen", auf: https://www1.wdr.de/mediathek/audio/zeitzeichen/audio-heinz-helfgen-reiseschriftsteller-todestag-100.html, Verfügbar bis 29.10.2030, Aufruf am 31.01.2025.

sich kurz nach meinem Studienfach erkundigt hatte, endete das Telefonat mit einem kräftigen „Toi-toi-toi!" für meine Berufspläne. Trotz der Kürze bedeutete mir Dreißigjährigem das Gespräch etwas.

Im Nachhinein sah ich sein Ablenken von der Weltreise per Rad als Hinweis, dass da noch viel mehr war, auch mehr als die verfehlte Olympiabeteiligung. (Diese Vermutung wurde auch durch einen Hinweis auf einen Zeitungsartikel gegen den Nationalsozialismus von anderer Seite gestützt.) Der Anruf und die Zusatzinformation waren ein kurzer, aber Jahrzehnte wirkender Anstoß dazu, mehr erfahren zu wollen, zuletzt durch die Zeitzeichen-Sendung und die folgende eigene Recherche.

Während dieser Suche wurde mir immer klarer, dass so eine Suche in öffentlichen Archiven und privaten Sammlungen das Zeitkontingent eines Journalisten für eine 15-minütige Sendung beträchtlich übersteigt. – Für mich bedeutete es 1 ½ Jahre Recherche und Schreiben. Es wurde eine Entdeckungsreise zu überraschenden Informationen und auch zu unveröffentlichten Werken, die Helfgen kurz vor seinem Lebensende angekündigt hatte und aus denen leider nach dem Urheberschutzgesetz nicht zitiert werden darf. (Bis kurz vor seinem Tode, war Heinz Helfgen schriftstellerisch und durch Pressegespräche aktiv.)

Zu Anfang meiner Recherche hoffte ich darauf, die Verdienste, die Heinz Helfgen über die Fahrradfahrt um die Erde hinaus erworben hatte, durch weitere Funde genauer fassen zu können. Tabu sind direkte Informationen der „Biographischen Geschichten" (fragmentarisch, unveröffentlicht) und aus den Geschichten des Skripts „… und überall waren es Menschen. Erzählungen eines alten Globetrotters", auch unveröffentlicht. (Die überarbeitete Rohfassung letzterer Schrift ist möglicherweise schon Jahre vor der Ankündigung seiner Veröffentlichung entstanden, weil die 12 Erzählungen insgesamt 177 maschinengeschriebene Seiten umfassen und einen längeren Verfertigungsprozess durchlaufen haben dürften.[2])

Informationen aus den Archiven stehen dann zur Verfügung, wenn die Persönlichkeitsrechte beachtet werden. Die Daten und Aussagen der Archive wurden miteinander verglichen, auch mit denen des Wikipedia-Beitrags zu seiner Person[3]. (Dass Wikipedia-Beiträge oft als kritisch zu betrachtende Quellen zu behandeln sind statt als Sekundärliteratur, wird in diesem Aufsatz beachtet.) Der Leserschaft ist nicht zu ersparen, dass unten auf den Seiten Fußnoten stehen. So kann sie selber sehen, dass es doch einiges Neues und zwar gesichertes gibt.

Wenn bei Erläuterungen mehrere Sätze nötig sind, werden diese kursiv gehalten und mit Stichworten eingeleitet.

---

[2] „‚… und überall waren sie Menschen' heißt ein Skript, das sein nächstes Buch werden soll." – in: meb. [Kürzel d. Journalisten]: Heinz Helfgen und seine Reisen: von Völklingen in die Welt, in: Saarbrücker Zeitung, Ausgabe Völklingen v. 21.07.1988, Sammlung von Artikeln der SZ zu Heinz Helfgen, Stadtarchiv Saarbrücken (Abkürzung: ARTIKELSAMMLUNG).
[3] S. „Heinz Helfgen", auf: https://de.wikipedia.org/wiki/Heinz_Helfgen, Aufruf am 31.01.2025.

2 Heinz Helfgen, nicht vergessen.

Im ersten Stadium meiner Arbeit wurden die gefundenen Informationen oft zu einer Herausforderung an mein bis dahin bestehendes Bild und meine Einschätzung von Helfgens Person. Die Psychologie nennt diese Herausforderung „kognitive Dissonanzen", mit denen man überlegt umgehen und sie nicht reflexhaft reduzieren sollte, wenn man sich ernsthaft mit einer Person, einer Sache oder einem Sachverhalt auseinandersetzen will. Wer jemanden als Idol sieht, hat es da wohl besonders schwer. So war der anfängliche Plan, einfach additiv ein erweitertes Bild zu gewinnen und publik zu machen, nicht durchzuhalten. Und derartige überraschende Funde und sie begleitende kognitive Dissonanzen hatte ich nicht erwartet.

Zur heutigen Bekanntheit von Heinz Helfgen ist zu sagen: Während meiner Suche nach Informationen in den Archiven traf ich bei den Kontakten immer wieder auf Personen, denen er noch ein Begriff war und die sich für die Recherche interessierten. Doch bei einem Besuch in Saarbrücken und selbst in Völklingen wusste kein angesprochener Passant auf der Straße von ihm. In der Radtouristik-Welt ist er noch ein Begriff, was der Verkauf der 2. Neu-Auflage von „Ich radle um die Welt" aus dem Jahr 2014 beweist[4]. Auch Beiträge über ihn auf Radreise-Foren und privaten Webseiten[5] im Internet sprechen dafür. Eine

---

[4] Heinz Helfgen: Ich radle um die Welt. Der Klassiker der Radtourer-Literatur, Bielefeld 2014.
[5] Zwei Diskussionen fanden auf www.rad-forum.de v. 25.03.–29.03.2006 https://www.rad-forum.de/topics/237568/Rezension_Helfgen_ich_radle_um_ die_Welt und v. 30.03.–02.04.2006 unter https://radreise-forum.de/topics/235413 statt. Aufrufe am 31.01.2025.

Nachfrage bei der Bielefelder Verlagsanstalt KG, Inhaberin der Urheberrechte am Buch über die Weltreise per Rad, ergab, , dass – nach den Verkaufszahlen zu urteilen – „das Interesse an Heinz Helfgen also nach wie vor vorhanden" ist.[6] Nicht zuletzt die Pflege der Internetseite über ihn und das prompte Einstellen neuer Nachrichten in den Wikipedia-Beitrag bestätigen die Existenz einer deutschsprachigen Fan-Gemeinde auch noch über 30 Jahre nach seinem Tod. Es gibt überraschenderweise Kopien des deutschsprachigen Wikipedia-Beitrags in 14 Sprachen.[7] Sie stehen auf einer Nachbildung der Webseiten (Original auf wikipedia.org; Nachbildung auf abcdef.wiki) Das weist nicht auf aktive SympathisantInnen von Heinz Helfgen hin: Die Beiträge sind jeweils eingerahmt und unterbrochen von Werbung. Diese Versionen scheinen von Geschäftsinteresse geprägt zu sein. „Wikimedia", das diese Online-Enzyklopädie betreibt, sieht immerhin in dem Namen und Inhalt des Beitrags einen gewissen Reiz für LeserInnen, eine Zeitlang auf der Seite zu bleiben.

Auf Foren gibt es gemischt positive und auch negative Beurteilungen von Helfgens Weltsicht (Vorwurf des Machotums und Rassismus), Zurückweisungen der negativen Bewertungen und Zweifel an der Wahrheit seiner Berichte – was für Foren nicht erstaunlich ist. Zu Beginn von Heinz Helfgens Bucherfolgen 1953 gab es auch schon Zweifel an der Glaubwürdigkeit einzelner Geschichten. Der Buchautor brachte diese selber zur Sprache und hielt mit einer Behauptung dagegen: „'Haben Sie das wirklich alles erlebt, …?' Nun ich habe eigentlich noch viel mehr

---

[6] E-Mail-Auskunft v. 20.08.2021.
[7] Die Versionen in den anderen Sprachen sind nicht in der deutschen Version aufgelistet, sondern nur innerhalb der anderssprachigen Versionen bspw. In der ungarischen: https://dehu.abcdef.wiki/wiki/Heinz_Helfgen, Aufruf am 31.01.2025.

erlebt. Manches war noch viel toller, und ich habe es schon gemildert, ...“[8] Kritik erntete er einmal in der „Saarbrücker Zeitung" 1956, wo der Redakteur bei einer Lesung von Heinz Helfgen aus seinem vor der Veröffentlichung stehenden Buch „Ich trampe zum Nordpol" bemängelt, dass dessen Text und Bild „keine ‚Offenbarungen'" bringen würden. Der Zeitungsartikel endet mit der Bemerkung „Hoffentlich macht er sein Versprechen wahr, ‚von Afrika aber wirklich spannendes Bildmaterial' mitzubringen."[9] 1989 wurden Helfgens Bücher in einem Zeitungsbericht über eine Lesung in Völklingen vom Redakteur als „Abenteuerromane" bezeichnet.[10] In den anderen neun mir vorliegenden Artikeln der „Saarbrücker Zeitung" zwischen 1955 und 1990 wurde neutral bis wohlwollend über ihn berichtet.[11] Als Letztes sei hier die Kurzpräsentation des Globetrotters auf den Internetseiten von „Saarland-Biografien" genannt.[12] Die zusammengefassten Angaben von ihm, basierend auf den Seiten des „Literaturlands Saar", werden ohne nähere Begründung pauschal als "zweifelhaft" bezeichnet. Das Wort "Romane" wird von dem Autor Jonas Binkle für die Bücher zur Weltumradlung und das Buch „Spur entlang der Wüste" verwendet. Erstere werden unten in seinem Beitrag zusätzlich als „Reisebericht" eingeschätzt. Diese Charakterisierungen haben Gewicht für die öffentliche

---

[8] Heinz Helfgen, Ich radle um die Welt", Bielefeld 1969, Bd. 1, S. 303.
[9] t. [Kürzel des Journalisten]: Der Saarländer Heinz Helfgen als Weltumradler. Er war bei den Eskimos im Eismeer, in: Saarbrücker Zeitung (SZ) v. 4. April 1956, ARTIKELSAMMLUNG (wie Anm. 2).
[10] ab [Kürzel des Journalisten]: Helfgen: „Ich radle um die Welt" in: SZ v. 11. Juli 1989, ARTIKELSAMMLUNG (wie Anm. 2).
[11] t.: Der Saarländer (wie Anm. 9).
[12] Jonas Binkle: Helfgen Heinz, auf: http://www.saarland-biografien.de/frontend/php/ergebnis_detail.php?id=5024, Aufruf am 31.01.2025.

Wahrnehmung von Heinz Helfgen, weil die Internetseiten der „Saarlandbiografien" beanspruchen, ein Ersatz für das bis heute fehlende „biografische Lexikon zu den Persönlichkeiten des regionalen Lebens" des Saarlandes zu sein.[13]

Wahrheitssuche und –bewertung I. *Zur Suche nach „der Wahrheit" gesellt sich die Bewertung dieser Wahrheit. Ist die Wahrheit wie in einer Checkliste abzuhaken und ist am Ende – mit x-mal Wahrheit und y-mal Unwahrheit – der Wahrheitsgrad zu resümieren? Besser ist es doch, möglichst viele Informationen aus dem geschichtlicher und dem psychologischen Zusammenhang bei der Einschätzung mit ins Kalkül zu ziehen, um Werte, wie Wahrheit, Erfüllung von Lebenszielen, Bedeutung für die Zeitgenossen, aus einer Distanz heraus in ihrem historischen bzw. psychologischen Rahmen zu behandeln. So werden im Folgenden die neuen Informationen mit anderen abgeglichen und aus historischer und psychologischer Perspektive sowie der des Schriftstellers betrachtet und durchdacht.*

Das tat übrigens auch Heinz Helfgen in seinen „Biographischen Geschichten". Diese lassen nämlich eine philosophische, rationale Haltung in seinem Leben sowie – gerade zu Beginn der Geschichten – eine behutsame Erklärung seiner eigenen Handlungen und von deren Antrieben erkennen. Trotz aller Bemühungen kann kein Anspruch auf Vollständigkeit der Details erhoben werden. Eine Zusammenfassung der „Biographischen Geschichten" ist publiziert worden und zwar als

---

[13] Über uns, auf: ebda..

Beitrag zur Würdigung von Heinz Helfgen als einer Person des öffentlichen Lebens auf den Webseiten von www.literaturland-saar.de.[14] Aus dieser kann zitiert werden.[15] Die überarbeitete Rohfassung der „Geschichten" wurde von Helfgen ca. 1988–90 bis zur Seite 69 diktiert oder selbst auf Maschine geschrieben (einzelne Korrekturen des Getippten sind in einer ungelenken Handschrift notiert) und der Rest von ihm auf Band gesprochen und von einer Tochter übertragen.[16] Mögliche motorische Beeinträchtigungen spiegeln sich jedoch nicht in seinen Qualitäten als Autor wider: Es ist ein differenziertes Denken und eine ebensolche Gestaltungskraft der Texte sowie ein ausgefeilter Stil festzustellen. Nach Überzeugung des Autors dieses Buchs stehen sie nicht hinter seinen anderen zurück. Die Benennung als <u>biographische</u>

---

[14] S. Rainer Petto: Heinz Helfgen, auf: https://www.literaturland-saar.de/personen/heinz-helfgen/ (Abkürzung: Rainer Petto: Heinz Helfgen), Aufruf am 31.01.2025.
[15] § 12 Abs. 2 UrhG: „Dem Urheber ist es vorbehalten, den Inhalt seines Werkes öffentlich mitzuteilen oder zu beschreiben, solange weder das Werk noch der wesentliche Inhalt oder eine Beschreibung des Werkes mit seiner Zustimmung veröffentlicht ist.", s. auch: „Seine Witwe [Kunigunde Helfgen] hat Kopien davon dem Verfasser [Rainer Petto] dieses Beitrags 1991 in ihrem Haus in der Völklinger Heinestraße übergeben." (vgl. Petto: Helfgen, ebda.) Diese Skripte wurden in Auszügen am ersten Jahrestag des Todes von Heinz Helfgen 1991 vom Saarländischen Rundfunk veröffentlicht. 2020 veröffentlichte das Literaturland Saar eine Zusammenfassung dieses nachgelassenen Werks als Dokumentation wichtiger Lebensstationen. Die Geschichten als solche und, was ihren literarischen und Unterhaltungswert betrifft, können der Zusammenfassung nicht entnommen werden.
[16] „Zurzeit schreibt Heinz Helfgen an seinen Memoiren.", vgl. meb.: von Völklingen; „Und jetzt kommen auch bald seine biografischen Notizen heraus – ...", s. auch: Traudl Brenner: Um die Welt geradelt, zum Nordpol getrampt. Einer der bekanntesten Weltreisenden unserer Zeit lebt in Völklingen, in: Wochenbeilage zur „Saarbrücker Zeitung": SZ-Woche, 5.–11. Mai 1990, beide Artikel in: ARTIKELSAMMLUNG (wie Anm. 2).

<u>Geschichten</u> durch Heinz Helfgen ist wichtig.[17] Damit hat er sich das Recht auf Auswahl und eine schriftstellerische Gestaltung vorbehalten.

Schreiben und veröffentlichen. *Es geht dabei aber nicht um großzügige dichterische Freiheit im Umgang mit dem Lebenslauf. Die Geschichten haben als solche den Sinn, sich und anderen gegenüber Zeugnis und auch Rechenschaft abzulegen. Sich zu erinnern, „richtig" zu erinnern und dieses dann auch so darzustellen, wie es erinnert wurde, statt die Erinnerung zu „frisieren" oder zu verschweigen – vor dieser Aufgabe stehen die, die über ihr Leben schreiben wollen. Nicht unbedingt Eitelkeit und Geltungsstreben, sondern auch der Wunsch nach Ruhe bei im Alter auftauchenden Bildern und Ängsten aus der Vergangenheit können der Anstoß hierzu sein. Bei Personen, die in der Öffentlichkeit stehen, kann auch der Wunsch hinzukommen, das posthume Bild von sich durch eigene Stellungnahmen und Erklärungen zu miss- oder unverständlichen Sachverhalten, nicht allein der öffentlichen Meinung und deren Beurteilung zu überlassen. Es können auch Fragen, die sich für das Publikum aus den biografischen Texten ergeben, beantwortet werden. In einigen Fällen können die Autobiografien sich auch finanziell lohnen.*

Zusammengefasst kann das Schreiben autobiografischer Texte im besten Fall helfen, das Leben im Alter für sich selber und im Kontakt zu Umfeld und Öffentlichkeit zu erleichtern. (Eine wichtige Einschränkung: Es bleiben noch unberührbare Themen übrig.) Im schlechteren Fall ist

---

[17] „Beschreibt die Autobiografie (auch) den Werdegang des noch nicht sozial etablierten Menschen, gehen Memoiren von der gefestigten Identität eines seiner sozialen Rolle bewussten Individuums aus.", zitiert nach: https://de.wikipedia.org/wiki/Memoiren, Aufruf am 31.01.2025.

es möglich, dass alte Verletzungen oder sogar posttraumatische Belastungsstörungen die Erinnerung besetzen und seelische Schäden mit körperlichen Folgen verstärken. Bezüglich des Umfelds und der Öffentlichkeit könnten Konflikte entstehen oder aktualisiert werden.

Wahrheitssuche und –bewertung II. *Zusätzlich zum Abgleichen von neuen mit bisher schon bekannten Informationen und ihrer Betrachtung und Abwägung aus historischer und psychologischer Sicht – wie bei der „Wahrheitssuche und –bewertung I" dargestellt – gibt es auch Fälle, in denen Formulieren mit Vorbehalten nicht angebracht ist. Dies kann eintreten, nachdem neue mit bekannten Informationen abgeglichen wurden.*

Typische Beispiele sind: eine Person behauptet für denselben Zusammenhang mal das eine, später mal das andere; eine Person macht unterschiedliche Aussagen dazu, wo sie an einem bestimmten Zeitraum gewesen ist. Hier „neutral" vorzugehen und nur die Widersprüche in vorsichtigen Formulierungen aufzuzeigen, würde verhindern, dass der Autor als jemand mit positiver Grundeinstellung zu Heinz Helfgen mit Sympathie Stellung zu nehmen. Wenn in dieser biografischen Annäherung klare Worte zur Sache nötig sind, soll deren Niederschrift nicht vermieden werden. Diese Haltung beanspruche ich als Verfasser einer Schrift, die am Ende auf meine eigenen Ansichten zielt. Für einen wissenschaftlichen oder einen lexikalischen Artikel wäre aber eine Haltung, die auch die eigene Weltanschauung bewusst einschließt, nicht richtig.

3 Nach schwieriger Jugendzeit Flucht in andere Welten (bis 1932)

„Dieses Leben – ... – ist sehr früh aus bürgerlichem Laufbahndenken ausgebrochen."[18] fasst Rainer Petto, der viele Jahre lang Redakteur des Saarländischen Rundfunks war, seinen Eindruck von den biografischen Geschichten zusammen. Helfgen nennt als Wendepunkt in seinem Leben, was ihm mit fast 17 Jahren widerfahren war: „Wenn ich hätte Fußball spielen dürfen, wäre möglicherweise mein Leben anders verlaufen."[19] Anlass für seinen Ausbruch aus seinem Leben als nicht volljähriger Gymnasiast war die Bestrafung seines Fußballspielens: Er riss Anfang 1927 von Zuhause aus und ging zur französischen Fremdenlegion nach Nordafrika.[20] Die Ursachen der schwierigen häuslichen Verhältnisse liegen vermutlich im Tod seiner Mutter 1918 an der Grippe-Epidemie und dem folgenden Umgang seines Vaters mit dieser Notlage. Die sich daraus ergebenden Ereignisse führten sicher zu trau-

---

[18] Bevor Heinz Helfgen um die Welt radelte. Aus nachgelassenen Skizzen, Einleitung der CD des Rundfunkbeitrags von Rainer Petto, (Sprecher: Hans Mittermüller), aus: Archiv des Saarländischen Rundfunks der Sendung zum 1. Todestag von Heinz Helfgen am 28.10.1991.

[19] Der Satz bildet den Anfang der Lesung in der Radiosendung. Ebda.

[20] „Als ich ihm sagte, dass ich erst 17 Jahre alt werde, ..." [aus der vorgelesenen Szene im Pariser Rekrutierungsbüro], ebda. – Die Redemptoristen dokumentierten eine andere Erklärung von ihm.: „Er wurde von der Schule genommen, aus seinem Elternhaus vertrieben und lief zur französischen Fremdenlegion." (aus dem Italienischen mit DeepL.com übersetzt). S. Katalogus generalis 1930, 101 in Pindamonhangara (Bundesstaat São Paulo in Brasilien), Helfgen, Heinrich „Heinz" Johann. (Anhang zur zweiten E-Mail-Auskunft von Dr. Haffke vom 24.02.2022). – Bei dieser Unterschiedlichkeit der geschilderten Fluchtgründe ist zu berücksichtigen, dass Heinz Helfgen noch minderjährig war und sich vielleicht in Brasilien vor der Gefahr schützen wollte, vom Orden nach Hause ins Saarland zurückgeschickt zu werden.

matisierenden Erlebnissen und waren Wegweiser hin zu diesem Wendepunkt in seinem Leben: der Flucht in die Fremdenlegion. Bis auf seine Oma, die Mutter seiner Mutter, seine Tante und seine Brüder hatte er keinen Halt mehr in seiner Familie.[21] Die Oma hatte wohl, auf längere Zeit gesehen, Zugang zu ihm.[22]

Die Flucht in die Fremdenlegion hätte über eine Anfrage bei der französischen Armee als Tatsache verifiziert und mit zusätzlichen Informationen ergänzt werden können. Die Auflage der Fremdenlegion war, dass die Nachfahren das Faktum der Familienzugehörigkeit nachweisen und alle Dokumente ins Französische übersetzen lassen müssen. In der dritten Generation diese Herkunft über mehrere Standesämter nachzuweisen, wäre sehr umständlich gewesen. Doch Helfgens Militärakte aus dem Bundesarchiv erlaubte einen indirekten, aber eindeutigen Beweis seiner Anwesenheit in der Fremdenlegion: Gemäß der Seite 1 der Militärkartei war Heinz Helfgen Soldat im Panzer-Grenadier-Regiment 361, in Afrika.[23] Keiner, der nicht vorher in der Fremdenlegion war, war in diesem deutschen Afrikaregiment. (Nur der Zeitpunkt seines Aufenthalts in der Fremdenlegion kann mit diesem indirekten Nachweis nicht bestimmt werden.)

Er floh aus der Fremdenlegion und kam über Umwege nach Hamburg. Dort wurde er wegen Spionage für Frankreich festgenommen,

---

[21] Alle diese Angaben folgen – wenn nicht anders zugeordnet – den Informationen der SR-Sendung vom 28.10.1991.

[22] Vgl. Rainer Petto: Heinz Helfgen (wie Anm. 14).

[23] Bundesarchiv B563-1 KARTEI/II-733/666 (Helfgen, Heinrich Johann) (Abkürzung: KARTEI), Bl. 1 – Dieses Regiment „bestand aus ehemaligen Angehörigen der französischen Fremdenlegion.", die dort ihre sog. Wehrwürdigkeit unter Beweis stellen sollten. Es sei weder Strafbatallion noch reguläres Truppenteil gewesen. Wikipedia-Eintrag „Afrika-Regiment 361", s. https://de.wikipedia.org/wiki/Afrika-Regiment_361, Aufruf am 31.01.2025.

und kehrte nach Brasilien zurück. Er wurde dort Novize bei dem Orden der Redemptoristen.[24] Dort schien er erst einmal zur Ruhe gekommen zu sein.

Die Zeit des Abiturs lässt sich aus dem einjährigen Noviziat auf Anfang 1930 zurückrechnen. „Frater Henrique Helfgen" dürfte also mit anderen Novizen per Schiff nach Europa und dann in das Kloster Gurk, Österreich gefahren sein. Dort wurde er durch ordensinterne theologische Studien und Schulungen sowie die Einführung in Riten bis Ende 1932 schrittweise auf ein lebenslanges Mönchtum vorbereitet. Gleichzeitig stiegen seine Glaubenszweifel, insbesondere bezüglich der Gelübde der Keuschheit und des Gehorsams.[25]

---

[24] Vgl. Rainer Petto: Heinz Helfgen (wie Anm. 14).
Die Erste Profess (zeitliche Profess), der erste Schritt auf dem Weg zum Mönchsein in Form der Weihe zum „Bruder" nach dem einjährigen Noviziat, geschah am 26.04.1931. S. Katalogus generalis 1930 (wie Anm. 20). – Über den Zeitpunkt seiner Flucht aus der Fremdenlegion, nämlich am 08. Februar 1929, findet sich eine Selbstauskunft von Heinz Helfgen in seinem „Curriculum vitae" – entstanden am 27.04.1930 anlässlich seiner Aufnahme in den Orden als Noviz. Am 26. Oktober 1929 sei er bei den Redemptoristen in Aparecida angekommen, ein Fakt, der diesen bekannt gewesen sein musste und damit als gesichert anzusehen ist. Zusendung des Dokuments per E-Mail von der Provinzarchivarin A. Ribeiro Palma, Provinzarchiv „Província Nossa Senora Aparecida" São Paulo am 31.03.2025. – In einer E-Mail vom 04.04.2025 beschrieb Dr. Haffke vom Provinzarchiv der Redemptoristen in Bonn das „Curriculum vitae" als die Stelle, wo der Kandidat über die Schullaufbahn, und Geburtsdaten der Eltern, seiner selbst und seiner Geschwister Auskunft gibt. Darüber hinaus sei eine Zeugenaussage des heimatlichen Pfarrers über den religiösen Lebenswandel des Kandidaten und seiner Familie üblich gewesen. Dies sei wohl bei weiten Entfernungen, wie zwischen Brasilien und Deutschland, nicht passiert. Tatsächlich gab es über den eigenen religösen Lebenswandel („Im Jahre 1927 trat ich in eine Missionsanstalt ein, um daselbst meine humanistischen Studien zu vollenden und später Missionar zu werden.") und den seiner Tante eine Auskunft von Heinz Helfgen selber.
[25] Vgl. Rainer Petto: Heinz Helfgen (wie Anm. 14).

4 Wachsende Hoffnung auf Nationalsozialismus als Erbauer einer neuen Welt (1931–1933)

1932 scheint es zu einer Entscheidung gekommen zu sein: Wie der Orden auf Anfrage mitteilte, gibt es dazu noch die entscheidenden Dokumente im zentralen Archiv beim Generaloberen der Redemptoristen in Rom. Danach hat zuerst „am 11.10.1932 der Studentenpräfekt des Klosters in Gars/Inn, das zur Oberdeutschen Provinz der Redemptoristen gehört (dem Novizen aus der brasilianischen Vizeprovinz zugeordnet waren), in einem sechsseitigen Schreiben an seinen Provinzial die dringende Empfehlung gegeben, dieser möge beim Ordensgeneral in Rom dafür eintreten, Heinz Helfgen nicht zu den weiteren Weihen zuzulassen, da sein Verhalten für den Orden untragbar sei." Darauf schrieb „Heinz Helfgen am 20.10.1932 von Gars aus an den Ordensgeneral in Rom und [bat] um die Auflösung seiner Gelübde." „Rom [sprach] die Dispens von seinen Gelübden ab dem 20.11.1932 aus." Das Schreiben ist auf den 28.11.1932 datiert und wird Helfgen Anfang Dezember erreicht haben.[26] (Hier ist wichtig zu wissen, dass sowohl das Noviziat als auch die folgende etwa einjährige Vorbereitung auf die sog. Ewige Profess als Prüfungszeiten auf ein dauerndes

---

[26] Erste E-Mail-Auskunft durch den Archivar der ehemaligen Provinz des Redemptoristenordens, Dr. Jürgen Haffke, v. 28.06.2021.
Ergänzung: In einer Archivakte des Klosters Gars zu „Henricus Helfgen" ist die Antwort des Generaloberen des Ordens in Rom an den Studentenpräfekten vom 17.10.1932 zu finden, in der angewiesen wird, ihm die Bitte um die Dispens nahezulegen. Sinn sollte sein, „seinen guten Ruf draussen zu schonen" und damit zu argumentieren, dass er keinen Beruf habe. Anschließend räumt der Brief ein, dass Heinz Helfgen „im guten Glauben zu handeln scheint". Das in der Akte liegenden Zeugnisse der ordensinternen Ausbildung zeigt gute Noten für die sog. Wintersemester 1931 und Sommersemester 1932.

Leben in der Kongregation dem angehenden Ordensmitglied zugestanden werden. Für Glaubenszweifel oder Zweifel an der Einhaltbarkeit der Gelübde wird Verständnis aufgebracht.[27])

Ungefähr zu der Zeit (November/Dezember 1932) muss Heinz Helfgen den Antrag auf Aufnahme in die NSDAP gestellt haben, denn die Aufnahme war daran geknüpft, dass die Person überprüft wurde: „Die Anträge durchliefen … vier Instanzen: Den Ortsgruppenleiter der NSDAP sowie die zuständigen Stellen beim Kreis-, Gau- und beim Reichsschatzmeister."[28] (Bei Jugendlichen auch die HJ.) Heinz Helfgen wurde zum 01.02.1933 NSDAP-Mitglied.[29]

Stefan Etzel, der als Radwanderer und Reiseschriftsteller Heinz Helfgen angeregt und geholfen hatte, „Ich radle um die Welt" neu herauszubringen, hatte dessen besonderes Vertrauen. Stefan Etzel – der die Information von Heinz Helfgen haben musste – teilte in seinem Internetauftritt mit, dieser sei 1928 in die NSDAP eingetreten.[30] Das stimmt jedoch nach den Archivinformationen offensichtlich nicht.

Wann etwa Heinz Helfgen zum ersten Mal Näheres von den Nationalsozialisten gehört hatte, lässt sich aus der Zusammenfassung der „Biographischen Geschichten" unter www.literaturland-saar.de nicht entnehmen. Das dürfte während seiner Zeit in Brasilien bis ca. Früh-

---

[27] https://www.redemptoristen.com/redemptorist-werden, Aufruf am 31.01.2025. Die Aussage in der Klammer wurde von Pater Dr. Martin Leitgöb CSsR als richtig bestätigt. E-Mail vom 12.02.2025.

[28] https://www.welt.de/kultur/article994879/Wie-kam-man-denn-nun-in-die-NSDAP.html, Aufruf am 31.01.2025.

[29] S. NSDAP-Mitgliederdatei, BArch R9361-VIII KARTEI / 9890282 – „Student" „Clemens-August-Str. 17, Bonn".

[30] Vgl. https://web.archive.org/web/20160304090107/http://www.stefan-etzel.de:80/HOME/bios/helfgen.shtml, Aufruf am 31.01.2025.

jahr/Sommer 1931 unwahrscheinlich gewesen sein. Er bekennt in einem Zeitungsartikel vom 10.01.1935, dass er Hitler als Kultfigur sah. Hinzu kam sicher seine Begegnung mit Rudolf Hess.[31] In dem Artikel etwas mehr als zwei Jahre nach seiner Unterredung mit Hess sagte er sich von NSDAP und „Deutscher Front" mit dem Aufruf zur „Kampfansage" gegen das Regime los: „Ich habe dem ‚Führer' blind vertraut und habe geglaubt, daß die Erfüllung seines ‚Programmes' doch noch sein Endziel wäre."[32]

Auch Ende 1932 versprach er sich von den Nationalsozialisten noch einen Rahmen für seine Zukunft und die seiner zukünftigen Familie. Ende Dezember 1932 verschwand er ohne weitere Nachricht an die Meldebehörde aus einer Mietwohnung in Bonn, die er am 4. Dezember bezogen hatte.[33] Dass er vorher direkt ins Saarland zu seiner Familie gefahren ist, wie er angab, kann nur stimmen, wenn er schon vor der Benachrichtigung über den Dispens (Schreiben vom Generaloberen aus Rom vom 28.11.1932 – s. Zitate zu Fußnote 26) den Orden der Redemptoristen verlassen hat.

Der in diesem Text hier nachfolgende Abschnitt, nach dem Exkurs, schildert erste persönliche Erfahrungen mit dem Nationalsozialismus – als nämlich dem bloßen Schwärmen für die Versprechen dieser Partei und Bewegung die Begegnung mit der Realität folgte. In den Jahren zwischen 1927 und 1932 hatte Helfgen zwei sehr gegensätzliche Wel-

---

[31] Vgl. Rainer Petto: Heinz Helfgen (wie Anm. 14).
[32] Heinz Helfgen, Eine Ohrfeige! Offener Brief an die „Deutsche Front" und die Reichsparteileitung der NSDAP, in: Neue Saar-Post Nr. 9 v. 10.01.1935, Stadtarchiv Saarbrücken, Z 107.
[33] Information aus der Hausliste für die Clemens-August-Str. 17, E-Mail-Auskunft des Stadtarchivs Bonn vom 31.05.2021.

ten erlebt: erst die Männerwelt der Fremdenlegion, die für Macht, Gehorsam, Todesverachtung und körperliche Hochleistung stand; dann die Männerwelt des Klosters, die neben dem Sinnbild für Macht und Gehorsam auch eines für Bildung, Askese und einer Auseinandersetzung über den Tod ist.

Exkurs: Entwicklung seiner kosmopolitischen und weltbürgerlichen Einstellungen durch Reisen (1926–1933)

Seine Leidenschaft für das Fußballspiel ca. 1926[34] ist ein früher Hinweis auf seine Fähigkeit zu körperlichen Höchstleistungen.

Bei Heinz Helfgen (und vermutlich auch bei seiner Frau) entstand ein starker Hang, andere Länder zu besuchen und zu erkunden sowie die Fähigkeit, eine Zeitlang im Ausland zu wohnen. Aus der Nennung von drei Reisen nach Südamerika, insbesondere die Gegend um São Paulo und Rio de Janeiro[35] lässt sich eine Vorliebe erkennen, die die Grundlage für eine „kulturübergreifende Kompetenz" und „eine allgemeine Sozialkompetenz" bei ihm und auch seiner Frau legte.[36] Er kam nicht nur in Kontakt mit Menschen aus verschiedenen Regionen, Religionen und Kulturen, sondern lebte – im deutsch-österreichischen Ableger des Ordens in einer Ausgründung in Brasilien – mit deren unterschiedlich-sprachigen Vertretern zusammen.

In dieser sensiblen Zeit der menschlichen Entwicklung auf der Schwelle zum Erwachsenwerden dürften die Voraussetzungen für Heinz Helfgens Haltungen und seine Fähigkeiten zu seinen Weltreisen entstanden sein. Diese Lebensphase lässt auch erwarten, dass Widersprüche zwischen diesen Haltungen und Fähigkeiten und auf der anderen Seite: seiner Begeisterung für den Nationalsozialismus, entstehen würden.

---

[34] Vgl. Rainer Petto: Heinz Helfgen (wie Anm. 14).
[35] Ebda..
[36] Stephanie Rathje: Interkulturelle Kompetenz – Zustand und Zukunft eines umstrittenen Konzepts. Zeitschrift für Interkulturellen Fremdsprachenunterricht 11: 3, Seiten 1–21, 2006, S. 7/8.

5 Nährung von Illusionen über das NS-System (bis 1934)

Die „Biographischen Geschichten" sprechen mit seinem Eintritt in die NSDAP ein besonders schwieriges Thema an.

Heinz Helfgens Schreiben über sein Leben in der NS-Zeit. *Es ist in verschiedener Hinsicht ein glattes Parkett bei der Darstellung der eigenen Lebensgeschichte. Nicht nur, dass die persönliche Auseinandersetzung mit hochgerufenen und -kommenden Erinnerungen und sich geänderten Maßstäben noch vor der ersten Niederschrift auch nur eines Wortes darüber Probleme bereiten kann; auch die Gewissheit, dass es verschiedene Kommentare und Kritiken zu dem veröffentlichten Text geben wird – auf die eine Reaktion manchmal nötig sein wird –, erfordert eine reifliche Überlegung, was man schreibt. Etwas in Druck zu geben, heißt, den Kommentatoren und Kritikern ein weites Feld zu überlassen. Der Autor dieses Aufsatzes nimmt bei allem Anspruch auf Wissenschaftlichkeit keine neutrale Rolle ein. Seine Feststellungen und Interpretationen sind bei aller Bemühung um Abgewogenheit nicht ohne subjektive Färbungen.*

Tatsache ist, dass gerade diese Passagen der „Biographischen Geschichten" auch nach einer eventuellen Veröffentlichung besonders schwierig zu behandeln sind, da deren Verfasser vor der Veröffentlichung starb. Es war ihm nicht mehr möglich, nach einer Veröffentlichung, die er geplant hatte, in Interviews zu erläutern, zu relativieren, Kritiken zu korrigieren bzw. sich zu korrigieren oder nachträglich Informationen bzw. Nachweise anzubringen. Eine Nutzung der Archive und die Anwendung von Schlussfolgerungen kann diesen verpassten Austausch zwischen Heinz Helfgen und der interessierten Öffentlichkeit und den Medien nicht ersetzen.

Der Autor dieser Schrift und deren LeserInnen müssen sich bewusst sein, dass die im ersten Abschnitt erwähnte Schwierigkeit für Heinz Helfgen bestand, vor dem ersten geschriebenen Wort zu bedenken, was wie aufgefasst, eventuell missverstanden oder einfach nicht geglaubt werden könnte. Einige Passagen können so formuliert worden sein, um einfach einem Rechtfertigungsdruck zu entgehen oder aber auch, um etwas zu vertuschen, eventuell auch nur aus Angst vor Vorurteilen.
Selbst gegenüber Vertrauten kann eine Vorenthaltung oder sogar Manipulation von Informationen passieren. Beispielsweise hat Heinz Helfgen Stefan Etzel falsche Angaben aus seiner Biografie mitgeteilt. Ein Grund könnte gewesen sein, dass Heinz Helfgen sein Leben selber schriftstellerisch darstellen und die Darstellung sicher auch finanziell nutzen wollte. Das musste er vor möglicher, vielleicht auch nur naiver Vereinnahmung schützen. (Anscheinend hat Heinz Helfgen Stefan Etzel gegenüber nichts von dem Inhalt der "Biographischen Geschichten" preisgegeben, denn bei Kenntnis der „BG" hätte Stefan Etzel sicherlich nicht die falschen Angaben auf seiner Homepage veröffentlicht.)[37]

Das Stadtarchiv Völklingen dokumentiert, dass die standesamtliche Hochzeit von Kunigunde Wagner und Heinz Helfgen am 26.01.1933

---

[37] Der Nachweis falscher Informationen wird im Kapitel 11 „Die öffentlichen Darstellungen seiner Anliegen, seiner Person und seines Lebens (ab 1951)" vorgenommen. – Stefan Etzel teilt auf der Homepage mit, dass er die dort genannten Informationen von Heinz Helfgen habe. Quelle wie Anm. 30

stattfand[38], also etwa zwei Monate nach dem ersten Wiedersehen mit seiner Jugendliebe – sie 19/20 Jahre, er 22/23 Jahre – nach fast sieben Jahren.[39] (Da die Braut nicht volljährig war, hat es die Zustimmung der Erziehungsberechtigten geben müssen.)

„Er lässt sich von der Partei nach Rio de Janeiro schicken, …" Sein eigener Plan „dort eine deutsch-brasilianische Zeitschrift zu gründen" und mit seiner Frau Fuß zu fassen, passt nicht zu seinem Auftrag, „herauszufinden, welche Juden Kapital nach Brasilien transferiert haben." Nach Deutschland wegen der Schwangerschaft seiner Frau zurückgekehrt, „… wird [Helfgen] vorgeworfen, dass er in Brasilien seinem Spitzelauftrag nicht nachgekommen ist, es kommt zum Zerwürfnis mit der Partei."[40] Der Wegfall des Ordens, der ihn jahrelang auch geschützt hat[41], konnte nicht durch die „Zukunftspartei" ersetzt werden, auch wenn ihre Vertreter ihm – und damit dem jungen Paar insgesamt – bei der Anwerbung und der Zeit vor der Machtübergabe das Blaue vom Himmel versprochen hatten.

---

[38] Standesamtlicher Eintrag der Stadt Völklingen, Stadtarchiv Völklingen, A-PR 235, Eintrag Nr. 14/33.

[39] Vgl. Petto: Helfgen (wie Anm. 14).

[40] S. ebda..

[41] Noch zwei Jahre nach dem Verlassen des Ordens (15.Dezember 1934) wurde das „Provinzialat [=Provinzleitung; d. Verf.] der Redemptoristen, München" durch Heinz Helfgen als Adressat für ein mögliches Empfehlungsschreiben bei einer Bewerbung genannt, in: Akte „Heinz Helfgen", Archiv des Klosters Gars (wie Anm. 26, Ergänzung).

34

6 Desillusionierung über das NS-System (bis 1935)

Die Zusammenfassung der „Biographischen Geschichten" teilt mit, dass Heinz Helfgen ins Saarland ausgewichen ist.[42] Erst am 18.10.1934 wurde der Wohnsitz der Familie im Saarland gemeldet.[43]

Abb. 1: Bogen 2 aus der Entnazifizierungsakte von Heinz Helfgen zu Dienstverhältnissen, Einkommen und Auslandsreisen

---

[42] Vgl. Petto: Helfgen (wie Anm. 14).
[43] E-Mail des Standesamts Völklingen v. 08.12.2021.

In seiner Entnazifizierungsakte gibt er an, 1934 als Reporter für „Diaros Associados", einer Zeitungsgruppe aus Rio de Janeiro, über „Associated Press" tätig gewesen zu sein, einschließlich einer Reise dorthin.[44] Dies nennt er auch als eine Einnahmequelle bis 1939, was im Anbetracht seiner Schwierigkeiten mit den nationalsozialistischen Behörden und Einrichtungen für die Jahre 1935 bis 1939 wegen der Verfolgung durch die Gestapo bezweifelt werden muss. Auch seine Erfahrungen mit der Auslandsorganisation der NSDAP sprechen dagegen. – Eine Recherche des Verfassers bei jener brasilianischen Zeitungsgruppe nach einem Artikel von ihm 1934 gelang wegen der Sprachbarriere und der Unkenntnis des historischen und aktuellen Pressewesens in Brasilien nicht.[45] Die Angaben aus der Entnazifizierungsakte, auch der Hinweis auf den Bezug zum Völkerbund in voriger Fußnote, scheinen für sich genommen plausibel. Der Völkerbund verwaltete das damals von ihm so bezeichnete „Saargebiet" bis zu einer Abstimmung der Bevölkerung. Es sieht danach aus, dass der Wunsch, für eine Zeitung zu schreiben, sich erfüllt hätte. Anzunehmen ist, dass Heinz Helfgen das Handwerk des Journalisten autodidaktisch erlernte, als er für die Associated Press arbeitete.[46] Mit der Bemerkung in dem

---

[44] EN-AKTE, Bog. 2, F. u. H..

[45] Unter einer Webseite „Biographisches" ist aus Notizen von Helfgens selbstverfasster Biografie vom 28.08.1971 in Völklingen zitiert worden. Mit einer Ergänzung ist dies dieselbe Auskunft wie die in der Entnazifizierungsakte: „Von 1933 bis 1939 tätig als Völkerbundskommentator und Reporter für Diarios Associados (AP)." [Unterstreichung der Ergänzung durch d. Verf.], s. „Entwurf von Webseiten zum Gedenken" (Abkürzung: ENTWURF GEDENKEN). – Beim Völkerbund-Archiv in Genf liegen keine Informationen über ihn vor (E-Mail-Auskunft des Völkerbundarchivs in Genf vom 07.04.2021).

[46] Er wäre ab dem 01.01.1934 zu einer mindestens einjährigen Ausbildung bei einem deutschen Presseorgan nach dem antisemitischen Schriftleitergesetz verpflichtet gewesen (§ 7 Abs. 1 Satz 1).

Zeitungsartikel vom 21.07.1988: „Während seiner Arbeit als Auslandskorrespondent sei er immer wieder mit den ‚gleichen Gesichtern und gleichen Hotels' konfrontiert worden, …"[47], bestätigt er nochmal diese Beschäftigung. Es könnte – in der Argumentation eines „Advokatus Diaboli" – dagegen gehalten werden, dass diese „freie journalistische Tätigkeit für AP-Rio de Janeiro" ihn gerade in die Stadt führte, in der er, erfolglos im Sinne seiner Auftraggeber, sich mit Juden zum Zweck der Bespitzelung bekannt gemacht hat.[48] „Des Teufels Anwalt" würde Heinz Helfgens Einstieg in den Journalismus in Brasilien 1934 als seine Legende anführen, die ihm erleichterte, sich in die Kreise der Auszuspionierenden im zweiten Versuch einzuschleichen. Doch die Unkenntnis der NSDAP Auslandsorganisation über seinen Aufenthalt, von dieser mehr als drei Jahre nach seiner Vorladung in Hamburg (1933) Ende 1936 geäußert („In meiner Kartei wird er nicht geführt."),[49] ist ein starkes Indiz dafür, dass er – nach dem misslungenen Ermitteln von „Kapitalflucht" 1933 – im Jahre 1934 nicht mehr für diese Organisation tätig war. Die alternative Erklärung: „Tätigkeit ohne Ausspionierung" kann auch stimmen, wenn nämlich Heinz Helfgen vom Saarland aus, in das er zu seinen Angehörigen leicht einreisen konnte, den Kontakt zur Zentrale des Völkerbunds in Genf herstellte und von dort als Journalist für „AP" seine Reise nach Rio de Janeiro organisierte. Die Versionen darüber, wie die Fahrt nach Brasilien und die Tätigkeit dort in der Funktion des Journalisten passiert sein konnte, sind hypothetisch, ebenso,

---

[47] meb.: von Völklingen (wie Anm.16), ARTIKELSAMMLUNG (wie Anm. 2).
[48] EN-AKTE (wie Anm. 44), Bog. 2, F.
[49] Leitung der NSDAP-AO am 10.06.1937 an die Reichsleitung, in: Parteikorrespondenz.

ob sie überhaupt stattgefunden haben. Dem Verfasser geht es hier darum, dass – im Falle des Ereignens dieser Reise – sie wahrscheinlich nicht mit rassistischem Antrieb oder Denunziation verbunden war. Der letzte Eintrag in der Abbildung 1 aus seiner Entnazifizierungsakte zeigt, dass er sich nicht ganz dem Zugriff des nationalsozialistischen Regimes entziehen konnte: „AP (Nachrichtenbüro)", auch wenn das Weglassen des Wortes „Deutsches" nahelegt, dass es ein eigenes Nachrichtenbüro der amerikanischen „Associated Press" gewesen sei. (Doch im Internet findet sich kein „Nachrichtenbüro" im alleinigen Zusammenhang mit der AP: immer erscheint „Nachrichtenbüro" in Verbindung mit dem Attribut „Deutsches".) Das legt ein bewusstes Weglassen in der Entnazifizierungsakte nahe.

Heinz Helfgen veröffentlichte drei Tage vor der Saarabstimmung vom 13.01.1935 in der „Neuen Saar-Post", einer Zeitung der Gegner des Anschlusses an Deutschland, den Leserbrief:
„Die Ohrfeige! Offener Brief an die ‚Deutsche Front' und die Reichsparteileitung der NSDAP".[50]

Hintergrund der Saarabstimmung am 15.01.1935 (I). *Die „Neue Saar-Post" wurde vom 6. Mai 1934 bis zum 15. Januar 1935 als Sprachrohr der Katholischen Anhänger eines Status quo von dem Redakteur Johann (später Johannes genannt) Hoffmann herausgegeben. Der spätere Ministerpräsident des Saarlandes (1947–1955) gehörte zum sozial – und gleichzeitig an Deutschland – orientierten Katholizismus, der seit*

---

[50] Helfgen: Ohrfeige (wie Anm. 32). – Der einzige Hinweis auf den genauen Fundort von „Eine Ohrfeige!" in dieser Zeitung war der Entnazifizierungsakte zu entnehmen. – LA Saarbr., Best. StkpolS 1848 (wie Anm. 44), Bog. 3, Anlage.

der Machtübergabe an Hitler wegen dessen menschenverachtender Staatsführung sich von seinem vorherigen politischen Ziel, dem Anschluss des Saargebiets an Deutschland, löste. Er setzte sich ab 1934 politisch und publizistisch für den Status quo unter der Verwaltung des Völkerbundes ein, bis der Nationalsozialismus nicht mehr Deutschland beherrschen würde.[51]

Eine Ohrfeige!

Offener Brief an die „Deutsche Front" und die Reichsparteileitung der NSDAP.

Wenn sich ein deutscher Mann, der aus reinem Idealismus zweimal seine Existenz der „Partei Deutschlands" geopfert hat, ohne irgend einen Lohn dafür zu erhalten, heute auf die Seite der sogenannten Landesverräter und Separatisten stellt, werden Sie wohl kaum die Stirn haben, diese Tat als „Verrat" hinzustellen.

Ich habe dem „Führer" blind vertraut und habe geglaubt, daß die Erfüllung seines „Programms" doch noch sein Endziel wäre. Ich bin schwer enttäuscht worden und mit mir alle jene, denen wahrhaft ideale Ziele vor Augen schwebten.

Was heute noch auf den „Führer" schwört, sind entweder Phantasten, Kinder, Nachläufer oder Pöstchenhascher. Jeder einsichtige Mensch muß heute wissen, wohin der Weg des derzeitigen Regimes führt. Noch nie war das deutsche Volk innerlich zerrissener denn heute. Noch nie ist die Kluft zwischen Armen und Reichen größer gewesen, denn heute und noch nie herrschte in einem Lande größere Korruption und schrecklichere Despotie wie heute in dem „gelobten Lande" Deutschland. Als Parteigenosse, der zu den höchsten

[51] Vgl. Heinrich Küppers, Johannes Hoffmann (1890–1967), Düsseldorf 2008. S. 85-186.

Stellen Verbindungen hatte und als **Führer im Bunde der Saarvereine** bin ich in der Lage, all das Gesagte mit einer Menge mir bekannter Tatsachen zu beweisen.

Jeder vaterlandstreue Deutsche hat die Gewissenspflicht, diesem Regime den Kampf anzusagen, diesem System, das mit einem aufpeitschenden Chauvinismus, seinem Kampf gegen das Christentum unabänderlich zu einem entsetzlichen Weltkrieg treibt.

Sie meine Herren, nennen alle, die nicht so denken wie Sie, „Vaterlandsverräter" und Ihre Kampfmethoden gegen jeden gerade denkenden Menschen können zum Teil in ihrer Ekelhaftigkeit kaum geschildert werden. Meine Herren, ich bin s t o l z darauf, von nun an durch Sie mit den „Vaterlandsverrätern" und „Separatisten" Max Braun, Fritz Pfordt und Johann Hoffmann auf eine Stufe gestellt zu werden. Auch i ch werde gleich diesen Kämpfern meine ganze Kraft für ein anderes und glücklicheres Deutschland einsetzen. Lügen Sie also weiter und arbeiten Sie weiter mit gefälschten Dokumenten (wovon ich mich übrigens überzeugt habe).

Ich erkläre hiermit in aller Oeffentlichkeit meinen Austritt aus der „Deutschen Front" und der NSDAP.

Heinz Helfgen.

Abb. 2: Leserbrief von Heinz Helfgen in der „Neuen Saarpost" vom 10.01.1935

Zum Inhalt des Leserbriefs von Heinz Helfgen: Im ersten Satz wird die Feststellung getroffen, dass er zum zweiten Mal eine tiefe Enttäuschung mit der „Partei Deutschlands" erlebte. Das angesprochene „25-Punkte-Programm der NSDAP", das im Punkt 4 feststellt: „Staatsbürger kann nur sein, wer Volksgenosse ist. Volksgenosse kann nur sein, wer deutschen Blutes ist, ohne Rücksichtnahme auf Konfession. Kein Jude kann daher Volksgenosse sein."[52], wird nicht in Frage gestellt. Jedoch wendet sich Heinz Helfgen mit der Ablehnung von „Chauvinismus" (geht man von der ursprünglichen Wortbedeutung aus) gegen Nationalismus und Rassismus.

Mit dem Ausdruck „Kampf gegen das Christentum" in dem Leserbrief sind vermutlich die zunehmenden Verstöße gegen das Reichskonkordat seitens des nationalsozialistischen Regimes gemeint. Für einen 25-jährigen ist die öffentliche Vorhersage „eines entsetzlichen Weltkriegs" erstaunlich.

Hintergrund der Saarabstimmung am 13.01.1935 (II). *Die im Leserbrief genannten Personen sind: der Inhaber der „Neuen Saarpost", Johann Hoffmann, der damalige "Politische Leiter" des KPD-Parteibezirks Saar, Fritz Pfordt, und der damalige 1. Vorsitzende der saarländischen SPD, Max Braun. Es ist festzustellen, dass die Abkehr im Saargebiet von „Deutscher Front" und Rückkehrpropaganda besonders schwer war. Der Chefredakteur der „Neuen Saarpost", Hoffmann, hatte schon sechs Wochen vor der Abstimmung die Hoffnung aufgegeben, dass zugunsten des Status quo abgestimmt würde.[53] Die meisten Bewohner des Saarlandes machten zu der Zeit einen Schwenk hin zum Anschluss an Deutschland mit. Um die Rahmenbedingungen für die Abstimmung – und damit das Besondere von Heinz Helfgens Abkehr von der „Deutschen Front" – genauer zu verstehen, kann man Gerhard Pauls eindringliche Beschreibung von Druck-, Zwangs- und auch Lockmitteln zu Rate ziehen, die die sog. Rückgliederungsfront einsetzte: „Die Fäden der Abstimmungspropaganda der Rückgliederungsfront wurden im Berliner Propagandaministerium und unter der Beteiligung Bürkels*

---

[52] http://www.documentarchiv.de/wr/1920/nsdap-programm.html, Aufruf am 31.01.2025.
[53] Vgl. Küppers: Hoffmann (wie Anm. 51), S. 185/186.

[pfälzischer Gauleiter; d. Verf.], der wiederum als Vertrauter Goebbels galt, geknüpft. Finanziert wurde die DF und ihre gewaltige Propagandaschlacht aus den Zuschüssen reichsdeutscher Ministerien, aus reichsweiten Sammlungen, aus Mitgliederbeiträgen der Saarländer und aus Spenden und Anzeigen reichsdeutscher Großkonzerne. Organisatorisch entsprach die DF der Struktur der NSDAP, wie die Regierungskommission des Saargebietes in einer Denkschrift an den Völkerbundrat in Genf ermittelte."[54] Die Droh- und Einschüchterungsszenarien griffen bis in den Berufs-, den Wohn-, den Vereins- und andere Alltagsbereiche durch und verhinderten eine rationale Auseinandersetzung mit der Frage nach der Zukunft des Saargebietes. Dies schildert Paul differenziert und beschreibt auch, wie diese Szenarien auf das Abstimmungsergebnis gewirkt haben.[55]

Ob ein persönlicher Kontakt zu Johann Hoffmann bestand, der Heinz Helfgen geholfen hätte, entgegen dem allgemeinen Trend ein Bekenntnis abzulegen, ist nicht festzustellen. Es mag ihm geholfen haben, dass er nicht so fest eingebunden war in die Sozialgefüge des Saarlandes wie viele andere Saarländer. Der Bedrohung aber war er sicher genauso stark ausgesetzt wie diese und er hatte auch keinen anderen Zufluchtsort für sich und seine Familie. Sein Aufruf zur Kampfansage gegen das nationalsozialistische System ließ ihn als entschiedenen Gegner der nationalsozialistischen Weltanschauung erkennen.

---

[54] Gerhard Paul, Die Saarabstimmung 1935, Determinanten eines verhinderten Lernprozesses über den Faschismus an der Macht, S. 9, in: Politische Vierteljahresschrift, Bd. 26, Nr. 1 (März 1985) S. 5–28.
[55] Ebda., S. 21–25, „Diese Verarbeitungsformen [der inneren Kapitulation; d. Verf.] des angstgeprägten Abstimmungsklimas scheinen somit neben dem klassen- und lagerübergreifenden Nationalismus die zentralen Ursachen des Abstimmungsverhaltens der vormals den Linksparteien zuneigenden Populationen gewesen zu sein.", ebda. S. 25.

Nach dem 13. Januar 1935, an dem über 90% der Saarländer für den Anschluss an das Deutsche Reich stimmten, musste Heinz Helfgen fliehen.

7 Flucht, Gestapohaft und politische Unzuverlässigkeit (bis 1939)

Er floh bis nach Rom und kehrte zurück, als die deutsche Regierung eine Amnestie für geflohene Saarländer ausspricht.

Hochverratsdelikt im NS-Staat. *Da das „Gesetz über die Straffreiheit für das Saarland" vom 28.02.1935 aber nur für kleinere Delikte galt, konnte er sich nicht darauf berufen und wurde bald von der Gestapo verhaftet und inhaftiert.*[56]

Obwohl er den Aufruf noch zu Zeiten des Völkerbunds in die Zeitung gesetzt hatte[57]*, schützte diese Tatsache ab Mitte 1935 nicht mehr vor Strafe, da das juristische Rückwirkungsverbot aufgehoben wurde.*[58] *Ab*

---

[56] RGBl. 1935 I, S. 309. Vgl. das Schr. D. RMdJ v. 28.02.1935, betr. Saarlandamnestie, http://www.documentarchiv.de/ns/1935/saarland_straffrh_ges.html, Aufruf am 31.01.2025.

[57] Nach dem Versailler Vertrag, in Kraft getreten am 10.01.1920, wurde das Gebiet des Saarbeckens Mandatsgebiet des gleichzeitig gegründeten Völkerbundes, bis zu einer Entscheidung 15 Jahre später über die zukünftige staatliche Zugehörigkeit bzw. eine Verlängerung des Mandats. Völkerrechtlich gehörte es zum Deutschen Reich. Der Sinn war, dass es „als Ersatz für die Zerstörung der Kohlegruben in Nordfrankreich und als Anzahlung auf die von Deutschland geschuldete völlige Wiedergutmachung" (Artikel 45 des Versailler Vertrages - http://www.documentarchiv.de/wr/vv03.html, Aufruf am 31.01.2025) zu den Reparationsleistungen beitragen sollte.

[58] „Das ‚Gesetz zur Änderung des Strafgesetzbuches vom 28.06.1935' fasste die bis 1935 stattfindende Entwicklung um eines beherrschenden Themen der Strafrechtserneuerung im nationalsozialistischen Sinne zusammen und goss die Abschaffung des Analogie- und Rückwirkungsverbots in Gesetzesform." (Analogieverbot: Im Strafrecht ist eine Analogiebildung zuungunsten des Täters verboten, zu seinen Gunsten erlaubt. Rückwirkungsverbot: Eine Strafe kann nur aufgrund eines in Kraft getretenen Gesetzes ausgesprochen werden.) Sabine Stumpf, Das Delikt des Hochverrats im NS-Staat, in der DDR und in der Bundesrepublik Deutschland, (Diss.), Münster 2016, S. 162 Nr. 146,

1934 dürfte der Artikel 83 Abs. 1 aus dem Strafgesetzbuch 1934, bzgl. Hochverrat mit der Androhung einer Zuchthausstrafe auf diesen Zeitungsartikel zugetroffen haben.[59] *Bekanntermaßen hatte die Gestapo auch Zugriff auf verdächtige Personen, selbst wenn sie von den ordentlichen Strafverfolgungsbehörden nicht (mehr) verdächtigt wurden.*

Im Sühnebescheid der Entnazifizierungsakte steht: „Durch diese seine öffentliche Lossagung wurde er 1935 zwei Monate in Stuttgart im Hotel Silber und 1936 fünf Monate im Wittelsberger Palais in München durch die Gestapo in Haft gehalten ...“[60]

Auf www.literaturland-saar.de werden die „Biographischen Geschichten“ zitiert: „Es dauerte Monate, bis meiner hochschwangeren Frau es gelang, in Dutzenden von Bittgängen bei den Nazifürsten mich wieder freizubekommen.“[61] Hingegen gab die „Saarbrücker Zeitung – Ausgabe Völklingen“ am 21.07.1988 als Ergebnis eines Pressegesprächs Heinz Helfgens Auskunft wieder, dass er „483 Tage Haft bei der Gestapo in München und Stuttgart“ verbrachte.[62] Diese Zahl ist mehr als das Doppelte von sieben Monaten, ca. 210 Tage, wie in der Entnazifizierungsakte angegeben. Die dauerhaften 483 Tage Haft sind schon deshalb nicht möglich, weil Helfgen glaubhaft in seiner Entnazifizierungsakte schreibt, er habe beinahe an den Olympischen Spielen 1936 teilgenommen: „Von 1935 bis 1936: Sportlehrer, Trainer, NS-

---

https://repositorium.uni-muenster.de/document/miami/eaae5e45-8ca2-4461-81f0-7087cdf3a7b4/diss_stampf.pdf, Aufruf am 31.012025.

[59] „Öffentliches Auffordern und Anreizen zu hochverräterischem Unternehmen, § 83 Abs. 1, StGB 1934“, ebda., S. 144 Nr. 114.

[60] EN-AKTE (wie Anm. 44), Bog. 5.

[61] Vgl. Petto: Helfgen (wie Anm. 14).

[62] meb.: von Völklingen (wie Anm. 16), ARTIKELSAMMLUNG (wie Anm. 2).

Bund für Leibesübungen; Olympia Gemeinschaft". Ein Adressbucheintrag und weitere Selbstauskünfte sind weitere Indizien für die Richtigkeit der Auskunft in der Entnazifizierungsakte. – auch wenn es im Bundesarchiv keine Belege gab.[63] So wäre eine Erklärung für die angegebenen 483 Tage Gestapohaft, dass er diese vom Beginn der ersten bis
zum Ende der zweiten gezählt hat. Es mag ein subjektives Empfinden
gewesen sein, dass er sich auch in der Zwischenzeit in den Klauen der
Gestapo empfand.

Der Autor geht also davon aus, dass Heinz Helfgen die erste Gestapohaft 1935 nach zwei Monaten beenden konnte[64], um statt wegen
Vorbereitung zum Hochverrat angeklagt zu werden, ein Jahr später an
den Olympischen Spielen teilzunehmen. Darüber, was er der Gestapo

---

[63] EN-AKTE (wie Anm. 44), Bg. 2, E.. – S. auch: Im Stuttgarter Adressbuch von 1936
ist ein "Heinrich Helfgen" genannt. Als sein Beruf war "Sportlehrer" angegeben. Auskunft des Stadtarchivs Stuttgart v. 02.06.2021. – S. ebenso: „Der Journalist Helfgen
… war Zehnkämpfer in der deutschen Leichtathletik-Olympia-Auswahl von 1936 …"
rss. [Namenskürzel des Zeitungsjournalisten]: Auf den Spuren Amundsens, Mit der
„Pax Polaris" durch die Nordwest-Passage. Weltenbummler Helfgen startet zu neuer
Fahrt, in: Saarbrücker Zeitung v. 04.04.1968 ARTIKELSAMMLUNG (wie Anm. 2). S. 14
. – S. desgleichen: „Auch das andere Knie schmerzte gelegentlich – eine Dreisprungverletzung, die ich mir bei den Vorbereitungen zur Olympiade 1936 zugezogen
hatte." Helfgen: Ich radl. u. d. Welt, 2. Neuaufl., S. 43. – S. gleichfalls: „Wir kennen
uns seit 1935/36 und von der Olympiade her, denn ich war ja selbst als Anwärter auf
den 100-Meter-Lauf und den Dreisprung in der Olympia-Trainingsgemeinschaft,
mußte nur nachher wegen einer Meniskusverletzung aufgeben." Heinz Helfgen: Ich
radle um die Welt, 2. Band, Gütersloh 1955, S. 314.
[64] Im Schreiben der Reichsleitung in München an die Gauleitung Württemberg-Hohenzollern vom 10.02.1936 werden „zwei Schreiben des Gaugerichts Württemberg-
Hohenzollern vom 25.10. und 11.11.1935" genannt. Es ist anzunehmen, dass die
diesbezüglichen Verfahren nach der zweimonatigen Gestapohaft in Stuttgart stattfanden. – Parteikorrespondenz (wie Anm. 49).

versprechen musste, um frei zu kommen, kann man nur spekulieren. Doch stand er sicher unter dem Druck, sich zu bewähren. Er wurde ab dem 20.05.1936 wieder als Parteimitglied mit Mitgliedskarte geführt.[65] Eine Erklärung für die erneute Verhaftung durch die Gestapo München könnte sich aus zwei Schreiben in der Parteikorrespondenz ergeben:

Am 10.06.1937 gibt es in dem einen Schreiben (bezogen auf den August 1936, wie es ein zweites Schreiben konkret benennt) den Hinweis, dass er vom Amtsgericht Waldshut wegen „Passvergehens" zu zwei Monaten Gefängnis verurteilt wurde und dass der Briefschreiber in der NSDAP-Kanzlei vermutet, dies sei die Ursache dafür gewesen, dass er von der Gauleitung Württemberg-Hohenzollern aufgrund einer einstweiligen Verfügung des Kreisleiters aus der zentralen Mitgliedskartei gestrichen wurde. Dem zweiten Schreiben – vom 28.02.1939 – ist die Zeitangabe „August 1936" zu entnehmen und auch, dass die Streichung aus der zentralen Mitgliedsdatei also knapp drei Monate nach dem Ersatz der angeblich verloren gegangenen Mitgliedskarte stattfand.[66]

Weitere Recherchen zu dem damaligen Urteil wegen Passvergehens brachten kein Ergebnis. Waldshut liegt in der Nähe der schweizerischen Grenze. Man könnte vermuten, dass, nach der Enttäuschung

---

[65] Ebda. – Im Schreiben vom 02.12.1938 wird von der Leitung der Auslandsorganisation der Reichsleitung mitgeteilt, dass H. Helfgen „angeblich das Mitgliedsbuch von der Geheimen Staatspolizei in Stuttgart abgenommen worden ist." (H. Helfgen hat wohl verschwiegen, dass er seit über zwei Jahren nicht mehr Mitglied der NSDAP war.) So fragte die Auslandsorganisation in München nach, ob er noch in der zentralen Kartei geführt wurde. In: Parteikorrespondenz.

[66] Erstes Schreiben der Leitung der Auslands-Organisation Berlin an die NSDAP-Zentrale München v. 10.06.1937, zweites Schreiben der NSDAP-Zentrale München an die Leitung der Auslands-Organisation Berlin v. 28.02.1939, beide ebda.

über die verpasste Teilnahme an den Olympischen Spielen, eine Kurzschlussreaktion zu dieser strafbaren Handlung führte. Dann wäre dies eine jener „Dummheiten" gewesen, auf die Helfgen in seiner Neuherausgabe von „Ich radle um die Welt" anspielt.[67] Nach der zweiten Gestapohaft 1936 hatten sich sicherlich seine Handlungsmöglichkeiten weiter eingeengt, da er anscheinend nichts mehr anzubieten hatte, womit er Wert für das nationalsozialistische System gehabt hätte. Er war ein unsicherer Kantonist, dem bei der Gestapohaft in München mit der Einweisung ins KZ und Nachteilen für die Familie gedroht worden sein dürfte. Seine Chance für das Einkommen der Familie zu sorgen, schmälerte sich, da seine Möglichkeiten, als Journalist ins Ausland zu fahren, unter diesen Prämissen nicht mehr bestanden.

Seine fremdsprachlichen Fähigkeiten in Portugiesisch und Französisch zu nutzen, waren eingeschränkt, da Geheimnisverrat und Kollaboration befürchtet wurden. Seine Selbstauskunft in der Entnazifizierungsakte unter „E. Dienstverhältnis": „1938 bis 1939, Frz. Korrespondent, Saar-Metallwerk Saarbrücken, Grund für die Beendigung des Dienstverhältnisses: pol. unzuverlässig" passt zu folgendem Archivfund:

Auf eine Verhandlung zu vollzogenen Diebstählen und einem versuchten – alle aus Opferstöcken – für die Jahre 1938 und 1939 wurde Bezug genommen in einer Gerichtsverhandlung nach dem Krieg. [68]

---

[67] „Mir fielen all die ‚Dummheiten' ein, die ich im Dritten Reich begangen habe, als ich mich öffentlich gegen die Diktatur wandte, dafür 483 Tage in Einzelhaft der Gestapo saß und die Familie hungern musste." – Helfgen: Ich radl. u. d. Welt, 2. Neuaufl., S. 57.

[68] Gerichtsverhandlung wegen eines als sicher angenommenen Diebstahls eines Bettlakens und Handtuchs im April 1948 vor dem Landgericht Tübingen – Vgl. Urteile

Im Urteil aus dem Jahr 1948 werden die Diebstähle von 1938/1939 als „aus einer Notlage heraus begangen" eingeordnet. Es scheint, dass Heinz Helfgen in einen Teufelskreis von Abstempelung als politisch unzuverlässige Person auf der einen Seite und Verzweiflungstaten auf der anderen geraten war.

---

in Sachen „Rückfalldiebstahl", hier: Landesarchiv BW, Staatsarchiv Sigmaringen, Bestellsignatur Wü28/3 T14 Nr. 775, „Gründe" S. 2.

8 Beteiligung an Feldzügen im Zweiten Weltkrieg in Frankreich und Tunesien (bis 1943)

Zu Beginn des Krieges entschied er, sich als Kriegsfreiwilliger zu melden, weil er erfuhr, „dass viele meiner Freunde verhaftet und in Konzentrationslager gebracht wurden.[69] Er nahm am Westfeldzug gegen Frankreich teil. In der Militärkarte ist nur eine leichte Verletzung in Estrées-Deniécourt (ca. 80 km vor der Mündung der Somme) registriert.[70] Auf archivierten Internetseiten über ihn, ist seine Selbstauskunft dokumentiert: „dreimal verwundet, ausgezeichnet".[71]

In der Militärkartei ist nach der Verwundung beim Westfeldzug nur noch von der Beteiligung am Afrikafeldzug in der Bewährungskompanie die Rede. Der Westfeldzug gegen Frankreich endete am 22.06.1940 mit dem Waffenstillstand von Compiègne,[72] während jenes Bewährungsregiment (Panzer-Grenadier-Regiment 361) zwei Jahre später am 27.07.1942 in Afrika aufgestellt wurde.[73] Möglicherweise kam Heinz Helfgen aber auch erst im November 1942 mit Beginn des Tunesienfeldzugs nach Afrika.[74]

Seine Haltung zum Soldatsein als Siebzehnjähriger kann nicht aus der Zusammenfassung der „Biographischen Geschichten" erschlossen werden. In seinen Büchern finden sich Kontakte zum Militär, insbeson-

---

[69] Vgl. Petto: Helfgen (wie Anm. 14).
[70] BArch: KARTEI (wie Anm. 23) Bl. 1.
[71] ENTWURF GEDENKEN (wie Anm. 45), Punkt „Biographisches".
[72] https://de.wikipedia.org/wiki/Westfeldzug#cite_note-church-48, Aufruf am 31.01.2025.
[73] https://www.lexikon-der-wehrmacht.de/Gliederungen/Panzergrenadierregimenter/PGR361-R.htm, Aufruf am 31.01.2025.
[74] https://de.wikipedia.org/wiki/Tunesienfeldzug, Aufruf am 31.01.2025.

dere wenn es um die Bekämpfung des Welt-Kommunismus ging. Beispielsweise im 2. Band zu seiner Weltumradlung, als er in Nordvietnam
einen Fallschirmabsprung bei den dortigen Fremdenlegionären
machte und einen eintägigen Kriegseinsatz begleitete.[75] Dies schildert
er als Abenteuer. Man merkt den Beschreibungen an, dass er als Soldat
und Kriegsberichterstatter gelernt hat, die schlimme Seite des Krieges
sprachlich zu umgehen, als natürliches Geschehen darzustellen oder
nur kurz zu berühren: „Zunächst wollte ich mir das Kriegsgebiet um
Hanoi einmal ansehen." „Mit einem zünftigen ‚Sprung-auf-marsch-
marsch' fand ich hinter der ersten Dorfbaracke eine ideale Deckung …"
„Nur … schoß hier und da ein Maschinengewehr. Dann setzte Granat-
werferfeuer ein." (Naturmetaphorik eines Gewitters) „Dafür brauste
der ganze Segen der Riesenvögel auf den gegenüberliegenden Wald-
rand herunter." (Bombardierung des Feindes) „Dahinter lagen vier
tote Senegalneger und ein halbverkohltes vietnamesisches Mädchen.
Hier sah die Bilanz dieses ewigen Dschungelkrieges nicht so günstig
aus."[76] Diese Passagen formulierte Heinz Helfgen auch für seine Neuausgabe 1988 nicht um. In Burma wurde er ca. 1960 zum „Berater der
Rebellen", wie er das letzte Kapitel des Buches „Zwischen Gefahr und
Geheimnis" betitelt.[77] Nachdem er sich auf Seiten der Rebellen schon
mehrmals eingemischt hatte, fragte er sich vor einer militärischen Ak-
tion, ob er daran teilnehmen soll, u. a. mit der Überlegung: „Verletze
ich damit nicht meine journalistische Neutralität?"[78]

---

[75] Helfgen: Ich radl. u. d. Welt 1955, Bd. 2 (wie Anm. 63 – 4. Zitation), S. 154 ff.
[76] Ebda. S. 160 ff.
[77] Heinz Helfgen: Zwischen Gefahr und Geheimnis. Bericht einer abenteuerlichen
Reise vom Eisernen zum Bambus-Vorhang, Hannover 1960, S. 192 ff.
[78] Ebda., S.224.

Eine andere Haltung zeigt sich nach eigenen Kriegserlebnissen in Afrika. Er fuhr mit seiner Frau per Motorrad mit Beiwagen noch einmal zu dem Ort, wo er als Soldat und „Kriegsberichter" „... monatelang in Tunesien auf Vorposten [lag]".[79] Die deutschen Soldaten traten 1943 nach seiner Darstellung zum Angriff an und kamen in einen Feuerüberfall der Alliierten, in dessen Verlauf viele starben und Helfgen selber schwer verletzt in ein britisches Lazarett und danach in Kriegsgefangenschaft in die USA kam. Als er mit seiner Frau wieder an derselben Stelle in Tunesien steht, kommt das traumatische Erlebnis wieder in ihm hoch: „Ich werde das unangenehme Gefühl nicht los, daß es gleich wieder losgehen könnte, daß sich das Erleben von damals wiederholen könnte – jetzt fast zwanzig Jahre danach."[80] „Dieser verdammte Krieg zerrt noch heute an unseren Nerven. Meine Ohren sind plötzlich voll vom krachenden Bersten der Granaten. Ich presse meine Fäuste dagegen, weil ich es nicht hören will, nicht noch einmal, nicht immer wieder ..."[81] Diese Beschreibung eines seelischen Zustands schildert – sicherlich ohne den Blick in Fachliteratur – Symptome einer posttraumatischen Belastungsstörung. Da sich unterschiedliche Bezüge zu der Darstellung seiner Erlebnisse beim Einsatz in Nordvietnam ergeben können, die alle nur Vermutungen sind, bleibt dies den Überlegungen der Leserschaft überlassen. Jedenfalls liegt hier eine auf den ersten Blick widersprüchliche und teils reflektierte Haltung zum Krieg vor.

---

[79] Heinz Helfgen: Spur entlang der Wüste. Abenteuer in Nordafrika, Hannover 1961, S. 115.
[80] Nach der Angabe im Buch geschah dieses Flashback „fast 20 Jahre danach". (ebda).
[81] Ebda. S. 115/116.

9 Zwischenzeitliche Arbeit in den Zentralen der Presse und des Rundfunks in Berlin (1940–1942)

Über die Zwischenzeit von 1940 bis 1942 gibt Helfgen in der Entnazifizierungsakte Auskunft: „Schriftleiter, Nachr., Coordination, DNB [Deutsches Nachrichtenbüro; d. Verf.], RRG [Reichsrundfunkgesellschaft; d. Verf.], Berlin". Erstgenannte Einrichtung „war der Pressestelle der Reichsregierung unterstellt, die zur Abteilung IV des ‚Reichsministeriums für Volksaufklärung und Propaganda' von Joseph Goebbels gehörte".[82] Bei der zweiten ging die „Programmleitung [...] mehr und mehr von der RRG auf das Propagandaministerium über."[83] Über diese Einrichtungen äußerte Goebbels: "Das Volk mit dieser Gewissheit und dieser Gesinnung bis in die letzte Faser zu durchtränken, die Menschen solange zu hämmern und zu feilen und zu meißeln, bis sie uns verfallen sind: das ist eine der Hauptaufgaben des Deutschen Rundfunks!"[84] Seine Zeit in den zentralen Leitungsorganisationen der NS-Medien schilderte Heinz Helfgen in biografischen Notizen vom 28.08.1971 so: „... aufgrund von Auslands-, Sprach- und internationaler Nachrichtenerfahrung als Schlüsselkraft in die Reichsrundfunkgesellschaft kriegsdienstverpflichtet, dort nachmaligen Bundeskanzler Dr. Kiesinger kennen gelernt."[85] Der Grund für die Beendigung dieses Dienstverhältnisses bei DNB und RRB laut Entnazifizierungsakte „pol.

---

[82] https://de.wikipedia.org/wiki/Deutsches_Nachrichtenb%C3%BCro, Aufruf am 31.01.2025.
[83] https://de.wikipedia.org/wiki/Reichs-Rundfunk-Gesellschaft, Aufruf am 31.01.2025.
[84] Aus: Reden zur Einführung des Intendanten des Westdeutschen Rundfunks (WDR) Köln, Heinrich Glasmeier, Redeanteil Joseph Goebbels, Tonträger DRA Frankfurt, Arch.nr.: 2632036, ab ca. 30:00.
[85] ENTWURF GEDENKEN (wie Anm. 45), Punkt „Biographisches".

unzuverlässig" klingt aufgrund seiner Lebensgeschichte während der Zeit der Nazidiktatur plausibel. Zu den näheren Umständen hat Heinz Helfgen sich nicht öffentlich geäußert.

Was mögliche Gewissenskonflikte betrifft: Während seines Aufenthalts in Berlin trat die Verpflichtung, einen Judenstern zu tragen, auch dort in Kraft, und zwar am 1. September 1941.[86] Am 18. Oktober desselben Jahres begann die Verschleppung der jüdischen Bevölkerung Berlins in Ghettos, Arbeits- und Vernichtungslager.[87] Dass er dem Mitinitiator der Kennzeichnung der jüdischen deutschen Bevölkerung, Joseph Goebbels, bei seiner Arbeit begegnet ist, ist durchaus möglich. Zu Goebbels Propaganda gehörte auch die Täuschung der Bevölkerung über den Zweck der Deportationen und falsche Versprechungen gegenüber den Verschleppten. Heinz Helfgen müsste für die Ereignisse und für deren Zusammenhang mit seiner Tätigkeit unter der Ägide des Propagandaministeriums sensibilisiert gewesen sein durch seine eigenen Erfahrungen mit dem Nationalsozialismus.

Ein gewisser Stolz, solch einen damals angesehenen Posten bekleidet zu haben, schwingt im Bericht der Wochenbeilage der SZ vom 5. bis 11. Mai 1990 mit: „Die (noch) bürgerlichen Stationen, bevor Heinz Helfgen sein zweirädriges Abenteuer startet: Er war in Berlin in der Reichsrundfunkgesellschaft Chef vom Dienst, …"[88] Tatsache ist aber auch, dass er in eine Bewährungskompanie kam. Kritische Fragen wären spätestens nach der Veröffentlichung der „Biographischen Ge-

---

[86] https://de.wikipedia.org/wiki/Judenstern, Aufruf am 31.01.2025.
[87] https://www.stiftung-denkmal.de/aktuelles/gedenken-an-den-beginn-der-natio-nalsozialistischen-deportationen-von-juden-aus-berlin-vor-83-jahren/, Aufruf am 31.01.2025.
[88] Brenner: Helfgen (wie Anm. 16) 2. Zitation, ARTIKELSAMMLUNG (wie Anm. 2).

schichten" seitens der JournalistInnen zu stellen gewesen – neben anderen Nachfragen, wie am Ende des 2. Kapitels: „Heinz Helfgen, nicht vergessen." ausgeführt. Erst die Antworten darauf hätten Unklarheiten auflösen können. Wegen Helfgens Tod waren die Veröffentlichung und eventuellen Klärungen nicht mehr möglich.

Die Familie lebte damals in Niederbarnim (zu der Zeit östlicher Landkreis von Groß-Berlin). Dies dürfte nach Helfgens Zeit als Schriftleiter in Berlin auch während seiner Teilnahme am Krieg in Afrika und seiner Gefangenschaft in den USA bis zum Kriegsende so gewesen sein. Im Bewährungsregiment in Afrika, seiner Stammkompanie, hatte er als Soldat den Dienstrang eines Oberschützen, gleichzeitig als sog. Kriegsberichter (Kriegsberichterstatter) den eines Hauptmanns. Dies ist auf seiner Militärkarte vermerkt.[89] Für die Zeit vom 05.10. bis 03.12.1942 ist der Aufenthalt in einem Kriegslazarett in Neapel verzeichnet.[90]

---

[89] „Hptm.": 1. Karte, 2. Seite, „O-Schtz.": 2. Karte, 1. Seite – KARTEI (wie Anm. 23).
[90] Ebda.

10 Auf dem Weg zum schreibenden, interkulturellen Brückenbauer, Sportsmann und Globetrotter (bis 1951)

Das Kapitel 10 beginnt schon mitten im Krieg, als die militärische Lage sichtbar zum Vorteil der Alliierten kippte. Der zurückgeschlagene Afrikafeldzug, an dem Heinz Helfgen teilnahm, war ein Teil dieser Entwicklung. Knapp drei Monate vor der Kapitulation durch den Nachfolger Rommels, von Arnim, bei Tunis wurde Helfgen gefangengenommen. Er war einer von den 135.000 deutschen Kriegsgefangenen aus Nordafrika, die nach den USA in Camps kamen.[91] Im Vergleich zu den allermeisten Kriegsgefangenen in der Hand des Deutschen Reiches, zu den anderen deutschen Kriegsgefangenen in anderen Ländern und zu manchen Armen und vielen Schwarzen in den USA selber ging es den deutschen Kriegsgefangenen gut.[92] Dies geschah planvoll mit Blick auf eine Herbeiführung der Demokratie im Nachkriegsdeutschland.[93] Heinz Helfgen hat sich glaubhaft als körperlich durchsetzungsfähig in der Männergesellschaft dargestellt,[94] was für den Aufenthalt in einem

---

[91] https://de.wikipedia.org/wiki/Kriegsgefangene_des_Zweiten_Weltkrieges#cite_ref-79, Aufruf am 31.01.2025.

[92] Ebda., siehe auch: Alison Jones und Martin Krinner, Beste Feinde, Kriegsgefangene in den USA, Deutschlandfunk nova, Sendung v. 31.01.2025, https://www.deutschlandfunknova.de/beitrag/kriegsende-deutsche-kriegsgefangene-in-amerika, Abruf 31.01.2025.

[93] Ebda.

[94] „Alles flog kunterbunt durcheinander! Ich sah rot, nur rot – und es machte geradezu Spaß, ordentlich dreinzuhauen, …" (in einer Marinestation nach seiner Festnahme zu Zeiten des Diktators Batista in Kuba). Helfgen: Ich radl. u. d. Welt 1955, Bd. 2 (wie Anm. 63 – 4. Zitation), S. 294. – S. ebenso: „… ich … stellte fest, dass ich auch noch einen durch ständigen Sport während der US-Kriegsgefangenschaft blendend durchtrainierten Körper hatte." Helfgen: Ich radl. u. d. Welt, 2. Neuaufl. (wie Anm. 4), S. 9.

Camp, in dem Anhänger, Mitläufer und Gegner des Nationalsozialismus auf engem Raum lebten, wichtig war, um nicht über tausende Kilometer hinweg dem langen Arm des Nationalsozialismus ausgesetzt zu sein. Deshalb ist schon das Jahr 1943 als Wendemarke zu betrachten, ab der er einen relativen Schutz gegen den Nationalsozialismus hatte. Der Endpunkt dieser Phase einer Neuorientierung soll am 17./18. November 1951 die Herausgabe des ersten Zeitungsartikels über Helfgens Weltumrundung sein.[95]

Schon in der Gefangenschaft lernte Heinz Helfgen die repräsentative Demokratie als erfolgreiche Staatsform kennen, in der er Unterstützung finden konnte. Dies war die Grundlage für seine selbstständige Arbeit als schreibender Globetrotter. Die Militärkarte enthält die Eckdaten: Gefangennahme am 20.02.1943 und Flucht aus der Gefangenschaft am 10.08.1946.[96] Als „Kriegsberichter" war er sog. Sonderführer und war in dieser Hinsicht Offizier (Hauptmann). Trotz der Freistellung der Offiziere vom Arbeitsdienst laut der Haager Landkriegsordnung kann dies nicht für alle deutschen Kriegsgefangenen in den USA angenommen werden, da wegen der großen Menge an Offizieren diese Regel nicht immer eingehalten wurde.[97] Warum und unter welchen nä-

---

[95] Schilderung des Aufbruchs und der ersten Wochen der Reise bis nach Jugoslawien in: Erster Artikel der Serie über die Weltumrundung: „Ein Arbeitsloser fasst den Entschluss: ‚Radeln wir also mal um die Welt'!" in: Udo Bintz (Verleger), Frankfurter Abendpost, Nr. 269, Sonnabend, 17./18. 11. 1951, S. 3; Zentralbibliothek der Univ. Frankfurt a. M., Sign. MF 8387.

[96] KARTEI (wie Anm. 23), 2. Karte, 2. Seite.

[97] Vgl. Erich Maschke/Herrmann Jung, Zur Geschichte der deutschen Kriegsgefangenen des 2. Weltkrieges. Band X/1. Die deutschen Kriegsgefangenen in amerikanischer Hand USA, Bielefeld 1972.

heren Umständen er geflohen ist, ist nicht mehr herauszufinden. Bekannt ist, dass bald nach Kriegsende die Gefangenen aus den USA nach Europa gebracht wurden, zum Teil zur Entlassung, zum Teil als Gefangene, die durch Arbeit Reparationsleistungen in anderen alliierten Ländern leisten mussten.[98] (Wegen der Flucht aus der Gefangenschaft kann über das Wo gemutmaßt werden, nämlich dass er in einem alliierten Land in Europa über Monate hinweg gefangen war.)

Nach dem Krieg kam Helfgens Frau Kunigunde mit den Kindern 1946 aus Langballig-Flensburg zurück nach Völklingen, er selbst 1947.[99] Am 31.01.1947 soll sich der vermutete Rückfalldiebstahl zugetragen haben, der am 01.12.1947 vor dem Amtsgericht Nagold verhandelt und mit drei Monaten Haft bestraft wurde.[100] Auch in der nächsten Instanz vor dem Landgericht Tübingen war es am 30.04.1948 ein Indizienprozess, der zu der Verurteilung führte. Die Begründung des LG gibt an, dass die Vortaten für die Beweisführung keine Rolle gespielt hätten.[101] Die Vortaten wurden aber in einem moralisierenden Ton taxiert, der die Person Heinz Helfgen treffen sollte.[102] Der Richter scheint ihm gegenüber voreingenommen gewesen zu sein.

---

[98] Vgl. https://de.wikipedia.org/wiki/Kriegsgefangene_des_Zweiten_Weltkrieges#cite_ref-79 (wie Anm. 109).

[99] E-Mail-Auskunft der Stadtverwaltung Völklingen aus dem Melderegister v. 25.06.2021.

[100] LA BW – Rückfalldiebstahl (wie Anm. 68).

[101] Ebda.

[102] „Dass der Angekl. als ehemaliger Theologiestudent 1938–1939 Geld kirchlichen Opferstöcken gestohlen hat u. auch zu stehlen versucht hat, liesse zwar an sich gewisse Schlüsse auf seine Persönlichkeit zu, denn selbst im Falle einer gewissen Notlage begehen die allermeisten Menschen, und zwar auch die Verfolgten u. auch die kirchlich völlig Uninteressierten nicht Eigentumsdelikte gerade dieser Art. Wie aber schon gesagt, kann das in Anbetracht der Beweislage auf sich beruhen." – Ebda.

Auch wenn H. Helfgen in der Selbstauskunft bei der Entnazifizierung für 1946 bis 1948 als Arbeitsplatz angibt: „Wirtschaftsberater, Produktionsprüfung, US-M.G., Grund für die Beendigung des Dienstverhältnisses: Devisenschwierigkeiten", ist immer noch unklar,[103] ob er „in guten wirtschaftlichen Verhältnissen" lebte, wie er vor Gericht angab.[104] Seine Verteidigung scheint darauf aufgebaut gewesen zu sein, dass er über den Vorwurf eines Diebstahls erhaben war. Dazu dürfte auch gehört haben, dass er sich als „Dr. Heinz Helfgen, Volkswirt" dem Gericht präsentierte.[105] Das nicht sichtbare Motiv wurde von dem Richter durch die Spekulation über Heinz Helfgens – in seinen Augen schlechten – Charakter ersetzt.[106] Doch schien er diesmal trotz schlechter Startbedingungen im kriegszerstörten Europa und Deutschland sich einen Weg erarbeiten zu können, wie sich im Folgenden zeigt.

Etwa dadurch, dass er in einer Liga Fußball spielte und sich damit den Jugendtraum erfüllte.: Für das Jahr 1948 (etwa Herbst/Winter) gibt Heinz Helfgen im Buch „Ich radle um die Welt" an: „,Vor vier Jahren [ca. vom Frühsommer 1952 aus gesehen; d. Verf.] war ich in Paris zum Fußballspiel des FC. Saarbrücken gegen Stade Française. Jawohl, wir hatten die Franzosen damals gründlich hineingelegt ...'"[107] Ob er zu diesem Termin in Frankreichs Hauptstadt Garry Davis, dem „Weltbürger Nr. 1", begegnet ist oder etwas früher oder später, ist nicht bekannt. Helfgen nennt in einem Bericht der „Saarbrücker Zeitung" ein Treffen mit G. Davis in Paris, seine Begeisterung „für dessen Idee" und dass er selber eine Zeitlang „Vorträge im weltbürgerlichen Sinne" hielt.

---

[103] EN-Akte (wie Anm. 44), Bog 2, E.
[104] LA BW – Rückfalldiebstahl (wie Anm. 68).
[105] S. Ebda.
[106] S. Ebda.
[107] Helfgen: Ich radl. u. d. Welt 1955, Bd. 2 (wie Anm. 63 – 4. Zitation), S. 159.

Es folgten die ersten schriftstellerischen Versuche, die jedoch wenig erfolgreich waren. „Im Jahre 1951 entschloss Heinz Helfgen sich dazu, seinen eigenen Weg zu gehen: Abenteuer, Sport und Journalismus miteinander zu verbinden."[108] Das klingt glaubwürdig, weil er auch Misserfolge (bei schriftstellerischen Versuchen) in dem Zeitungsartikel von 1962 nannte; ebenso war Garry Davis von Herbst 1948 bis zum Sommer 1949 tatsächlich in Paris.[109]

Heinz Helfgen hatte sich schon länger mit dem Gedanken getragen, die Fahrradtour um die Erde zu machen, doch hatte der Plan vermutlich nicht die erste Priorität. In seinem Buch aus den Fünfziger Jahren gibt er an, dass er von einem anderen Buch über eine ähnliche Strecke den ersten Anstoß zu seinem Unternehmen bekommen habe. 1949, also etwa zwei Jahre vor seiner eigenen Fahrt las er „Die Straße der Abenteuer" von Guy de Larigaudie, der mit einem Beifahrer 1937/38 für die Autofahrt von Paris nach Saigon sieben Monate brauchte. Heinz Helfgen begegnete auf seiner Fahrt dem Besitzer eines Dorfes – 40 km südlich von Dohazari im Distrikt Chittagong von Bangladesh – namens Abu Chawdhuri. Dieser erzählte: „,Vor dreizehn Jahren waren zwei Franzosen bei mir für mehrere Tage zu Gast. … Die beiden Franzosen waren Boy Scouts … Sie haben mir eines davon [ein Exemplar des Buches; d. Verf.] geschickt. Ja, sie brauchten damals viele Wochen, um hier mit Hilfe von Hunderten von Bengalen und mit Elefantenunterstützung durchzukommen.'" Helfgen drückt in „Ich radle um die Welt" seine Bewunderung für die Leistung der beiden aus, nennt aber auch,

[108] Vgl. jug. [Kürzel des Zeitungsjournalisten]: Er wollte Priester werden, Saarländischer Erfolgsautor Heinz Helfgen aus Fernost zurück, Saarbrücker Zeitung, 11.04.1962, ARTIKELSAMMLUNG (wie Anm. 2).
[109] https://de.wikipedia.org/wiki/Garry_Davis/, Aufruf am 31.01.2025.

was er aus deren Fahrt für seine gelernt hatte: „Ich muss gestehen: Hut ab und alle Achtung vor den beiden, die damals diese unglaublich abenteuerliche Tour mit einem Auto gemacht hatten! Das Fahrrad ist, abgesehen von der tollen körperlichen Muskel-, Herz- und Lungenanstrengung, immerhin leichter durch eine solche Gegend zu schaukeln als ein benzinfressender Wagen. Außerdem kann man sich meines Erachtens auf die eigene Muskelmaschinerie besser verlassen als auf einen Benzinmotor. Nun, ich war dabei, die gleiche ‚Straße der Abenteuer' zu fahren wie damals die französischen Kameraden."[110] Der Begriff „Abenteuer" in der Überschrift des Buches der beiden französischen Globetrotter könnte ihm auch eine Anregung für die Darstellung seiner eigenen Weltumradlung geliefert haben. [Er nannte auch einen französischen Radfahrer, Lionel Brans, einen Fahrradentwickler, Radsportler und Esperantosprecher, der fast genau drei Jahre vor ihm, die Radreise Paris-Saigon per Fahrrad begann und darüber 1950 ein Buch „Seul à bicyclette de Paris à Saïgon" schrieb. Die wenigen Bemerkungen, in dem 1. Band von „Ich radle um die Welt" über Lionel Brans (S. 61 und 63) nennen nicht, ob er dessen Buch gelesen hat. Es wäre für

---

[110] Alle direkten und indirekten Zitate in diesem Abschnitt aus: Helfgen: Ich radl. u. d. Welt 1969, Bd. 1 (wie Anm. 8), S. 280/281. In den Neuherausgaben von 1988 und 2014 ist die Auskunft, dass es zwei Jahre vorher war, als er „Die Straße der Abenteuer" las, nicht mehr vorhanden. Auch das gesamte Statement Helfgens um den Fahrzeugvergleich „Fahrrad – Auto" der ersten Ausgabe wurde weggelassen. Die Mitnahme einer Pistole – gleiche Quelle dieser Fußnote, S. 12 – mag er von ihnen abgeguckt haben. (Diese wurde ihm geraubt, wie er zwei Seiten später feststellt.) Guy de Larigaudie und sein Beifahrer Roger Drapier benutzten nach ihren Angaben im Buch die Drohung mit der Pistole manchmal, um sich gegenüber der bengalischen Bevölkerung oder ihren bengalischen Helfern mit Drohungen durchzusetzen oder sich in dieser Form Diebstählen zu erwehren. (Vgl. Guy de Larigaudie: Straße der Abenteuer, Basel 1956)

ihn hilfreich gewesen und einiges lässt die Vermutung zu, dass Heinz Helfgen es las.]

Wenn also das Konzept in den zwei Jahren vor Beginn der Reise heranreifte, so war der konkrete Entschluss nach seinen Angaben zwei Wochen vorher gefasst, und die Vorbereitungen wurden in dieser Zeit durchgeführt.[111] Es sollte noch 2½ Monate nach der Abfahrt von Düsseldorf dauern, bis „die Frankfurter Abendpost und die Rundfunkanstalten in Hamburg und Köln" bereit waren, Heinz Helfgens Berichte zu drucken bzw. zu senden.[112] Kurz vorher hatte Kunigunde Helfgen ihrem Mann noch nach Bagdad geschrieben, dass „nicht eine deutsche Zeitung [seine] Reiseberichte, so interessant sie auch gewesen seien, gedruckt habe."[113] Scheinbar hat er bei mehreren Zeitungen nachgefragt.

---

[111] „Ich hatte innerhalb von vierzehn Tagen alles zusammen, um meinen Start wagen zu können." – Helfgen: Ich radl. u. d. Welt, 2. Neuaufl. (wie Anm. 4), S. 9.
[112] Ebda., S. 57.
[113] Ebda., S. 55 – Frau Kunigunde Helfgen muss in dem langsam wiederaufgebauten Haus in Düsseldorf, anfangend im Keller, die Bürogeschäfte für die Kontakte zu den Medien und den Wiederaufbau des Hauses geführt und sich nicht zuletzt um die Versorgung und Erziehung der drei Kinder gekümmert haben.

11 Die öffentlichen Darstellungen seiner Anliegen, seiner Person und seines Lebens (ab 1951)

11a Ringen um die Themensetzung bei der „Frankfurter Abendpost"

Auch in diesem Kapitel geht es darum, möglichst viele Informationen über Ereignisse und Vorgänge zu nutzen, – hier um die Akzeptanz seiner Person als Journalist, Schriftsteller und Randonneur und seiner Botschaften als Schriftsteller – um sich eine Vorstellung zu bilden. Nicht aus den bisher zugänglichen Fakten zu Helfgens Weltumradelung sondern aufbauend aus neu recherchierten Sachlagen und Situationen soll sich im besten Fall eine Vorstellung über Entwicklungen von Heinz Helfgen zwischen seinen Anliegen und gewissen Zwängen entstehen. Einen Hintergrund dafür bieten zum einen Zeitungsartikel aus den 1950er Jahren in der „Saarbrücker Zeitung" (wie oben) aber auch die ersten der vielen in der „Frankfurter Abendpost (FA)", die fortlaufend, aber zeitversetzt Heinz Helfgens Reiseberichte veröffentlichte und wohl auch in gewissem Umfang beeinflusste sowie Schulfunksendungen parallel zu Heinz Helfgens Reise.

Prinzipiell ist die öffentlichte Darstellung einer Person, die mit der Zeit eine öffentliche wird, kein Ergebnis allein der Interessen und Aktivitäten dieses einen Menschen. Stefan Etzel schilderte zwar, dass Helfgens Idee, die Weltreise durchzuführen, „bombig [ein]schlug und Helfgen … Deutschlands radelnder Auslandskorrespondent wurde".[114] Doch kann auch hierbei ein genauerer Blick dieses Sprachbild als wenig sagend erscheinen lassen und eine realistischere Vorstellung davon geben, wie es zu Heinz Helfgens Popularität kam. Es soll ein Prozess

---

[114] Vgl. Stefan Etzel Homepage (wie Anm. 30).

mit Angaben von ihm und dem verantwortlichen Redakteur der „FA"
dargestellt werden – ein Prozess, der zwischen der Person, den Medien und dem Publikum abläuft. Was die Person betrifft, hat sie Anliegen, verschiedene Themen auf ihe eigene Art darzustellen. Damit
diese zu Botschaften werden können ist die Person aber abhängig von
der Bereitschaft der Medien, diese an ihr Publikum zu vermitteln und
des Publikums, sich ihm zuzuwenden. Da gilt es, Kompromisse zu
schließen.

Wer Heinz Helfgens Bücher genauer liest, kann die Sorgfalt und
Überlegung, die er aber in seinen Berichten und Erzählungen meist nur
andeutet, erahnen. Der Anspruch, den er in diesem Zusammenhang
für sich bzgl. der Reiseplanung erhebt (s. Text zu Fußnote 128), könnte
auch für die Planung der öffentlichen Darstellungen von sich und seinem Leben angenommen werden. Denn eine ungeschickte Selbstdar-
stellung in der Öffentlichkeit, kann dem Ruf schaden und Pläne verhindern. Einen Doktortitel nicht zu nennen (wenn er denn erworben
wurde), ist sicher eine falsche Bescheidenheit. So gab Heinz Helfgen
ihn in der Gerichtsverhandlung 1948 an. Zusammen mit dem Hinweis
auf die guten wirtschaftlichen Verhältnisse, in denen er angeblich
lebte (vgl. Text zu Fußnote 104), hätte dies ihn wohl über einen Ver-
dacht erhaben gemacht. Doch dies hatte keinen Effekt.

In den Düsseldorfer Adressbüchern von 1952 und 1955 stand „Helfgen, Heinz, Dr., Dolmetsch."[115] und war 1952 Rückenwind für eine
neue Arbeit bzw. auf die erfolgreiche Vermarktung der Weltumrundung mit dem Fahrrad 1955.

---

[115] Düsseldorf/Adressbuch 1952 u. Düsseldorf/Adressbuch 1955, Stadtarchiv Düsseldorf.

Der Weg zum Erfolg verlief jedoch nicht wie auf Schienen und war ein teilweise anstrengender Lern- und Selbstbehauptungsprozess. Zwar ließ sich nach der Neuauflage, 2. Ausgabe von „Ich radle um die Welt" (S. 11-14) das Gespräch am 4. September 1951 in der Redaktion der „Frankfurter Abenpost" gut an, was die Zustimmung zum fortgesetzten Abdruck von Heinz Helfgens Reiseberichte in der „FA" betraf. Er habe selber eine bis zu drei Seiten lange Vorstellung seines Reiseplans (quasi ein Businessplan) schreiben dürfen und es habe Fotos seines Fahrrads im Hof und einen Vorschuss von 50 DM gegeben. Der Redakteur – nach seiner Darstellung sympathisch – habe noch laut sinniert, dass der Vorschlag den Versuch einer Veröffentlichung wert wäre – S. 12/13. (In der Redaktion, die er vorher aufgesucht habe, habe er sich mit der beruflichen Vergangenheit als Auslandskorrespondent und dem Bildungsstand eines Akademikers vorgestellt, was aber nicht zu den Erwartungen des dortigen Redakteurs an einen Weltreisenden gepasst habe.)

Doch erst Mitte November 1951 – Heinz Helfgen ist in Bagdad – erscheint eine Ankündigung mit einem ersten Artikel über den Beginn seiner Radreise bis zu seiner Ankunft in Jugoslawien. Die Ankunft an der jugoslawischen Grenze fand etwa Mitte September statt (nach der überarbeiteten Auflage: 7 Tage nach der Abfahrt in Düsseldorf, nach der ersten Auflage: 9 Tage danach).

Von den Fakten her trifft sich Heinz Helfgens Darstellung mit dem folgenden Intro der Zeitung in die zukünftige Berichterstattung.: Man war ihm wohl gesonnen, wobei gleichwohl ein Rest von Vorbehalt bestand. Doch wie dies einerseits ihm durch Zuwartenlassen seit Anfang September und andererseits dem Publikum durch „lockere" Erzählung Mitte November vermittelt wurde, ist bemerkenswert.:

„Ein Arbeitsloser faßt den Entschluß: ‚Radeln wir also mal um die Welt!'" steht als Überschrift über der Rubrik seiner fortgesetzten Reiseberichte und -geschichten der Weltumrundung in der „FA" am Samstag, den 17. November 1951. Dabei ist auf der Zeitungsinnenseite 3 der Schriftzug „Radeln wir also mal um die Welt!" fett in Handschrift gehalten und größer als alle anderen Überschriften. Der Untertitel lautet: „Kühner Plan: Auch ohne Geld kann man sich die Welt ansehen". Der Einführungstext der Abendpost-Redaktion ist:

Ein Mann hat kein Geld. Und keine Arbeit. Es gibt viele Menschen in Deutschland, die weder Geld noch Arbeit haben aber beides haben möchten. Warum sollen sie auch nicht? Ist dies ein unbilliger Wunsch? Sie wollen ja schließlich auch leben. Was unsern Mann betrifft, so will er nicht nur leben. Er will auch etwas erleben. Ohne Geld geht das nicht – – meinen Sie? Nun wir wollen mal sehen.

Heinz Helfgen will die Probe aufs Exempel machen. Er war bei uns und erzählte uns seine Pläne; fragte: wenn ich was erlebe, wollt ihr's dann drucken? Wir sagten nicht nein. Bitte versuchen Sie's, lieber Herr Helfgen – – Dies sind, ganz kurz gesagt, seine Pläne: er trottet mit dem Fahrrad um die Welt. Vorgesehene Reiseroute: Jugoslawien – ... – Südamerika. Leben will er von – nun ja; das wird sich zeigen. Wird schon irgendwo was Grünes wachsen, sagte er, von dem ich mir einen Spinat machen kann. Außerdem ist er ein alter Sportler. Die sind zäh und beißen nicht so leicht ins rohe Gras. – –

Dann fuhr er fort. Es sind jetzt einige Wochen [10 ½ Wochen, d. Verf.] her. Die ersten Reiseberichte liefen bereits bei uns ein. Die weiteren Berichte bringen wir in loser Folge, wie sie eben eintrudeln. Hier ist der erste.

Mit gespielter Leichtigkeit, doch auch reserviert, herablassend und flapsig wird die Leserschaft der Zeitung in die geplante Artikelserie eingeführt. Wenn das Vorstellungsgespräch in der Redaktion der „FA" am 04.09. in etwa so ablief, wie Heinz Helfgen es in die Neuauflage schrieb, mussste ihm klar gewesen sein, dass es ein Risiko gab. Die Gelegenheit dazu, sehr bald eine erste Probe zu schicken hatte er:

Die ersten drei Berichte (vom 17./18., 20. und 22. Nov. 1951) haben die Etappe von Düsseldorf bis Belgrad zum Thema. Schätzungsweise wenige Tage nach dem Grenzübertritt nach Jugoslawien dürfte Heinz Helfgen Belgrad erreicht haben. Über zwei Wochen zwangsweisen Aufenthalt hatte er dort nach seiner Schilderung wegen eines Visums für Griechenland. Da ist anzunehmen, dass er – um seinen Anteil der mündlichen Absprache einzuhalten – einen Bericht seiner ersten Reiseetappe zur „Frankfurter Abendpost" schickte. Mit seinen Reiseberichten bzw. -plänen für die Belgrader Zeitungen und mit persönlichen Kontakten zu deren Journalisten jedenfalls hatte er die Wartezeit nach seiner Darstellung ausgefüllt. Die Zusendung einer Berichtsprobe nach Frankfurt vorausgesetzt, hätte sich die deutsche Zeitung nach dem ersten Manuskript etwa zwei Monate Zeit gelassen und wohl weitere Berichte von großen Orten, wo er sich mit mehrtägigem Aufenthalt aufhielt, „eintrudeln" lassen: von Istanbul und Aleppo, bevor sich die Boulevardzeitung für einen Abdruck entschied. Heinz Helfgens anfängliches Reisen und Berichteschreiben auf Bewährung und die Lehre, dass „kein Nein", nicht „ein baldiges Ja" bedeutet, dürfte quälend und erniedrigend gewesen sein. Heinz Helfgen schildert seine Wahrnehmung, in dieser schwierigen Situation hängengelassen worden zu sein, im Rahmen eines Sprichworts in der neuen, überarbeiteten Auflage des Buches: „Die Rechnung [„die Familie während seiner Abwesenheit mittels gut honorierter Zeitungsberichte zu ernähren"; d. Verf.] war ohne den Wirt, ohne die deutschen Zeitungskollegen gemacht worden." (vgl. Text zu Fußnote 113)

Sicherlich gab es gute Gründe, dass die „deutschen Zeitungskollegen" lange zögerten. Heinz Helfgen war für sie ein unbeschriebenes Blatt. (Daran dürfte sich auch nichts geändert haben, wenn Heinz Helfgen das Einleitungskapitel, das auf dem Arbeitsamt spielte, vor Fahrtantritt geschrieben hat – dazu wäre Zeit gewesen und es wäre eine kleine Probe seines Schreibvermögens gegenüber einer Zeitungsredaktion gewesen.: Doch befeuerte er damit unabsichtlich die Seite des sachlich begründeten Zweifels am Gelingen des Projekts – trotz guten Schreibstils in dieser Kostprobe seiner Schreibfertigkeiten.) Auch Schlagworte wie Auslandskorrespondent, Akademiker und eine kurze Vorstellung des „Businessplans" der Reise brachten bei dieser „Initiativbewerbung" wenig Aussicht auf sofortigen Erfolg.

11b Langzeitthema „Abenteuer"

Ob es bei dem Zögern vorher um die fehlende Spannung in seinen Berichten ging, lässt sich nicht eindeutig beweisen. Doch würde die Vermutung dazu passen, dass das Wort „Abenteuer" während des letzten größeren Aufenthalts vor Bagdad (in Aleppo) in den Reiseberichten auftauchte – dem Ort als Heinz Helfgen die Nachricht von der Abdruckzusage erreichte.: Er schrieb etwa Ende Oktober – rückgerechnet vom Aufenthalt in Bagdad ca. eine Woche vor der ersten Veröffentlichung eines Berichts am 17. November – in Aleppo über einen vermeintlichen Überfall im Taurusgebirge: „Mit einem lauten ‚Allemania – Türkije! … endete dieses Abenteuer." In der „FA" erschien diese Bemerkung am Schluss des Artikels am 22.12.1951. Ähnliches stand am

Schluss des nächsten Artikels in der Weihnachtsausgabe wenige Tage später: „Einige recht merkwürdige Abenteuer habe ich hier in Aleppo schon hinter mir." Das wurde dann in der Einführung des nächsten Berichts von der Redaktion noch einmal aufgegriffen: „Bislang fuhr unser radfahrender Weltreisender Heinz Helfgen immerhin noch durch Länder, die eine Gewähr für eine einigermaßen gesicherte Reise gaben. Jetzt aber stößt er ins Abenteuer vor." (Artikel vom 29.12.1951).

Wenn es vorher einen „lektoralen" Hinweis der „Frankfurter Abendpost" an Helfgen – etwa über seine Frau als Kontaktperson vermittelt – gegeben haben sollte, etwas Spannenderes zu liefern, dann wären die beiden Formulierungen mit dem Stichwort „Abenteuer" Helfgens Nachricht sowohl an die Redaktion als auch an die Leserinnen und Leser gewesen. Die Durchquerung der syrischen Wüste – als lebensgefährliches Unternehmen dramatisch angekündigt und dargestellt, deren Bericht von Bagdad aus verschickt und kurz danach von der Zusage des Abdrucks gefolgt – könnte nach dieser Sichtweise die Wende zum „Ja" gebracht haben (vgl. Text zu Fußnote 113). Die glückliche Wüstendurchquerung war Inhalt der Berichte am 11., 25. und 27.01.1952.

Nach dieser Lesart war die Darstellung von Abenteuern der Schlüssel zu Publikation und finanziellem Gewinn. [Manche Erlebnisse im Herbst 1951 waren überhaupt nicht berichtbar, wie seine Rettung durch die CIA in Nordmazedonien in Jugoslawien (s. deren nachträgliche Schilderung 30 Jahre später in der 2. Auflage von „Ich radle um die Welt") oder nur andeutungsweise erwähnbar wie Festnahmen von früheren Bekannten von ihm aus einer panarabischen Bewegung in Bagdad[116].] Zwar hat er das Stichwort „Abenteuer" schon von Guy de

---

[116] „Weißt du noch, wie du uns vor Jahren in Bagdad besuchtest? Wie damals unser Tennisplatz von der Polizei umringt wurde? Wie man Ali Zadek Mustapha, Machmudi

73

Larigaudie und dessen Beifahrer Roger Drapier („Straße der Abenteuer", Fußnote 110) erhalten, doch fehlte ihm bei seiner eiligen Abreise aus Bagdad sicher in dem Moment die Lust auf solche „Abenteuer" wie in Jugoslawien und das vor Ort in Bagdad. Abenteuer waren aber nicht die einzigen Themen, mit denen er die Leser- und HörerInnen ansprechen wollte. Er blieb bei den Themen und Botschaften, die er aus eigenem Interesse ausgewählt hatte. Der Alltag eines radfahrenden Globetrotters wurde von Heinz Helfgen durchgängig geschildert, was den Hintergrund seiner besonderen Erlebnisse bildete. Auch seine ideelen Ansprüche hielt er als besondere Merkmale bei: das Sportliche, ja Leistungssportliche, die Vermittlung von Erlebnissen der Alltagskultur in den Ländern und Kontinenten, Kontakte mit der Bevölkerung, Hintergrundinformationen über Wirtschaft, Religionen und Geschichte, Zusammenkommen mit Politikern und bekannten Persönlichkeiten, seine journalistische Sichtweise der Weltlage, Betonung der positiven Sichtweise der Deutschen im Ausland[117]; all dass in Zugewandtheit zur Leserschaft, mit demonstrativem Verständnis für sie und der Selbstsicherheit, dass er ein Publikum zu fesseln vermag.

Die Redaktionslinie mag bei der ersten Veröffentlichung gewesen sein, durch den Eröffnungstext und die Charakterisierung von Heinz Helfgen darin als „Arbeitslosen" und „Sportler" einen Spannungsbogen aufzubauen. Andererseits hätte beim Lesen des ersten Berichts

---

und ein paar andere Sportskameraden mit langen Ketten fesselte und abführte? …" Danach folgte in drei Zeilen eine Nennung der Folterungen, die die Genannten erlitten. S. Heinz Helfgen: Spur entlang der Wüste (wie Anm. 79), S. 224.

[117] Es wird ihm auch mal zu viel der positiven Sicht, wenn – wie in dem Beispiel eines Scheichs in der syrischen Wüste – Hitler alternativ zu Stalin als passend angesehen wird, um „den Arabern [zu] helfen, die Engländer zu vertreiben". – Vgl. Heinz Helfgen: I. radl. um d. Welt, Bd. 2 (s. Anm. 63, 4. Zitation). S. 74.

auch den Leserinnen und Lesern schnell klar gewesen sein müssen, dass dies kein einfacher Arbeitsloser war.

Auch verließ er genau in dem Augenblick, nämlich am Abend des 17. Novembers 1951, diesen Status, als er dem Publikum als Arbeitsloser vorgestellt wurde, weil er seit diesem Zeitpunkt die Zeitungsberichte gut honoriert bekam. –

Manchen damaligen Lesern der Zeitung hat sich dies vielleicht erschlossen, sie mögen es aber als Teil der Unterhaltung akzeptiert haben. Dass der „Arbeitslose" von Anbeginn so gut schreiben konnte, weckte vielleicht die Neugier der Leserschaft, als was er sich entpuppen würde. (Es war die Zeit, als ein Massenmedium, das auf hohe Verkaufszahlen aus war, sich nach dem Ende von Totalitarismus und Krieg nicht so genau festlegen wollte, welche Vergangenheit jemand hatte. Die Gefahr war zu groß, einen Teil des Lesepublikums zu enttäuschen.)

Heinz Helfgen stand in einer Tradition von Langstreckenfahrerinnen und –fahrern sowie Zeitfahrerinnen und Fahrern z. T. seit dem Ende des 19. und Anfang des 20. Jahrhunderts. Dass Reisen gefährlich und andererseits Horizonte öffnend sein konnten, mochte in der jungen Bundesrepublik nicht ganz vergessen gewesen sein. Doch daran wieder anzuknüpfen, kam nicht von alleine. Ein journalistischer, aufklärerischer Anspruch – „der Welt die Welt zeigen, wie sie wirklich ist" (vgl. Fußnote 126) – reichte wohl nicht hin, um nach Meinung einer deutschen Zeitungsredaktion Spannung zu erzeugen und als druckwürdig zu gelten; hinzutreten musste wohl der schriftstellerische Zuschnitt von Erlebnissen, die in einem periodischen Medium die Leute bei der Stange halten konnten. Dass dies auch mal in Richtung Dichtung ging, sei an einem Beispiel nachgewiesen:

Im 1. Band der ersten Ausgabe von „Ich radle um die Welt" steht auf den Seiten 184 ff das Kapitel: "Beim Schmugglerkönig Hussein Ali", das dreimal das erlebte Abenteuer unterstrich, aber in der Neuausgabe von 1988 wegfiel. In dieser überarbeiteten Version findet man nur noch die hintersinnigen Zeilen auf Seite 109: "... und trieb mich am Abend in den dunkelsten Hafenkneipen herum. Dort hörte ich eine Menge untergründiger und hintergründiger Geschichten über Rausch-gifte und Goldschmuggel, die so abenteuerlich waren, dass ich sie alle für Seemannsgarn hielt." (Heinz Helfgen schien sich wohl darauf zu verlassen, dass das Lesepublikum – nicht eimal aus Neugierde – die beiden Versionen nicht auf Unterschiede durchsah.)

In der 1988 überarbeitete Version setzte Heinz Helfgen, trotz Strei-chung des Schmuggelabenteuers, weiterhin grundsätzlich auf Aben-teuer. Er stellte in drei Überschriften, die in der ersten Version es nicht enthielten, das Wort „Abenteuer" ein: auf den Seiten 40, 45 und 98. Etwa vier Jahre vorher hatte er am 13.03.1982 einen Artikel „Wir brau-chen Abenteurer. Ein Begriff und seine deutsche Hypothek" zu diesem Charakter für die „Saarbrücker Zeitung" geschrieben.

Erst kurz vor seinem Tod wandte er sich von dem Typus des Aben-teurers ab, der „Wissens- und Erlebnislücken bei sich selbst und in die-ser Gesellschaft entdeckt [hat], und versucht sie auszufüllen.": „Er wollte jetzt alles mit mehr Abstand aufschreiben, nicht unter dem As-pekt des Abenteuers. War zuletzt oft resigniert wg. der Umweltzerstö-rung, wg. des Materialismus der Menschen, dass diese geistige Zerstö-rung so wenig zählte."[118] Diese Prioritätensetzung bei Themen gegen

---

[118] Aus Aufzeichnungen des Rundfunkjournalisten Rainer Petto vom 12. Mai 1991 zur Vorbereitung eines Rundfunkbeitrags nach einem Besuch der Witwe von Heinz Helf-gen.

Ende seines Lebens entspricht der Stimmung seiner Lebensweisheit, die in der Titelei zitiert ist: „Wer diesen unseren Planeten wirklich in seiner Realität erleben will, wird bald feststellen, dass er ihn erleiden muss." (Vgl. Text zu Fußnote 137: z. B. „Schiffbruch".) Es ist auch in der Hinsicht eine Abkehr, weil Abenteuer (Großwildjagd, Selbstbehauptung in der „Grünen Hölle", Krieg u.a.) Natur als Kampfplatz und Gegner des Menschen versteht, wobei die Umweltzerstörung nicht als Problem wahrgenommen wird. Die Verletzlichkeit der Natur war nicht das Thema in „Ich radle um die Welt", sondern es wurde die Ausbeutbarkeit öfter als Fortschrittchance proklamiert.

Bei dem Thema „Abenteuer" hat sich Heinz Helfgen später vielleicht eher als unvermeidbar für den Erfolg pflichtschuldig aufgehalten. Es war vielleicht auch ein Tribut der Tatsache gegenüber, dass er für eine Boulevardzeitung schrieb. Erst spät wurde ihm wohl klar, dass hier die Vorstellung, dass die Natur zur Schöpfung gehört, zu neuen Überlegungen führen musste.

11c Heinz Helfgens eigenes Anliegen an Themen

Zurück zum Anfang der 1950er Jahre: Schon vor dem Start muss sein Interesse an Völkerverständigung akut gewesen sein, was zum Beispiel aus seiner zeitweisen Zuneigung zur Weltbürgerbewegung, aber eben auch an seiner lebensgeschichtlich gewachsenen, grundsätzlichen Einstellung gegen den Totalitarismus und für einen religiösen Humanismus abzuleiten ist. Dies als rein geschäftsmäßiges „Alleinstellungsmerkmal" des Produkts „Weltreise per Fahrrad" anzusehen, ist nur die Hälfte der Wahrheit.: Die andere Hälfte bezieht sich auf die Realisierung seiner idealistischen Vorstellungen. Als Beispiele sind hier Auszüge aus drei Interviews in Süden der USA aufgeführt.

"Arizona Daily Sun", 19. März 1953, „Global Cyclist Visits. Finds People Everywhere Are Friendly" (Bob Shirley) „Die Leute auf der ganzen Welt sind grundsätzlich freundlich, hat Dr. Heinz Helfgen, Düsseldorf, Deutschland, Journalist herausgefunden, als er sein Fahrrad, in die Pedaölen tretend, zu Dreiviertel seiner Tour um die Welt trieb – seit September 1951. … Dr. Helfgen sagte, dass er in allen etwa 20 Ländern, die er besuchte, bis jetzt Freundlichkeit in fast allen Fällen die Feindseligkeit überwiegt."

„The Albuquerque Tribune", 21. März 1953, „Doctor on World Tour By Bike, Visits Here", Abschnitt: "Erzeugt Verständnis" „Der 43-jährige Reisende sagte, dass er die Tour hauptsächlich deshalb macht, um die Jugend verschiedener Nationen näher zusammenzubringen. Durch Vorträge und seine Schriften versucht er rassische und nationale Vorurteile zu beseitigen und ein bessere Verständnis unereinander zu befördern. Er vermittelt Brieffreundschaften zwischen Bewohnern verschiedener Länder. … Er schreibt gerade an einem Buch über seine Erfahrungen und hofft, die Tour noch einmal zu machen: beim nächsten Mal mit dem Helikopter, um Filme drehen zu können."

„Albuquerque Journal", 24. März 1953, "German Pauses in City On World Cycle Tour" (Mary Russel, Teilnehmerin von Helfgens Vortrag vor einer Klasse einer Journalistenschule) "Er schläft gewöhnlich in einem Zelt, das er auf dem Fahrrad mitführt. Er glaubt, dass er eher die Gelegenheit hat, Leute zu treffen und in Kontakt mit ihnen zu kommen, ,wenn er ein bisschen schmutzig [ist] und ein Fahrrad fährt. … Die Okupationsmächte werden in Deutschland nicht mehr abgelehnt, sagt Helfgen. Die Fraternisierung hat zu gegenseitigem Verständnis geführt. … Deutsche und japanische Studenten sind sehr bestrebt, in die Vereinigten Staaten zu kommen, um zu studieren, sagte Helfgen. Er denkt nicht, dass die Sprache ein unüberwindbares Hindernis für die internationalen Beziehungen ist, weil die meisten Leute mindestens zwei Sprachen sprechen."

Diese Zitate lassen auch eine Charme-Offensive – bei einer gewissen Autorität eines Erfahrenen – an den anderen Orten auf die er auf seiner Tour stieß: wo Heinz Helfgen Vorträge hielt, Zeitungsartikel schrieb oder Interviews gab. Offensichtlich war der Doktortitel, der von allen drei Zeitungen genannt wurde, ein Türöffner zu Journalisten, Sportvereinen und kulturellen Vereinigungen, letztendlich dazu, seine Botschaften des Werts der internationalen Verständigung zu verbreiten.

Hier kann leider nur auf eine begrenzte Zahl von Beispielen aus der „FA" und den Zeitungen von Helfgens Stationen auf seiner Weltreise Bezug genommen werden. So sei es mit Vorbehalt festgestellt, dass im Hinblick auf seine jeweils einmaligen Begegnungen mit JournalistInnen und Fachpublikum auf der Fahrt vor Ort sein Thema „Völkerverständigung" setzen konnte. Gegenüber „FA" und dessen Leserschaft war er stärker auf Abenteuer festgelegt, bei der er den Geschmack des Publikums auch mal mit erfundenen Geschichten traf, die aber oft glaubwürdig wirken und gut erzählt sind.

Man stelle sich Heinz Helfgen vor, wie er bei einem längeren Aufenthalt in einer größeren Stadt für die „Frankfurter Abendpost" schreibt, sich in auf die Zielgruppe der Deutschen geistig einlassend, und wie er vorher oder nachher seine Botschaft von Sport und Völkerfreundschaft über ein Interview, einen Vortrag oder einen Zeitungsartikel für das Publikum vor Ort formuliert.

11d Tragfähiger Kompromiss nach der „Lehre" bei der „Frankfurter Abendpost"

In „Ich radle um die Welt" gelang Heinz Helfgen eine gute Verbindung von Journalismus und schriftstellerischem Schreiben. Die Buchtexte waren hauptsächlich die, die er auf der Reise ursprünglich für die „FA (Frankfurter Abendpost)" schrieb (Urteilsbasis: Zeitungsartikel der ersten drei Monate).

Die Geschichten, die zu Zweifel an ihrem Wahrheitsgehalt führten, verdrängten nicht die Informationen, die nach Heinz Helfgens Anspruch Völkerverständigung und auch Bildung förderten. Diese Geschichten waren der Tribut dafür, dass er gedruckt wurde. Die vorsichtige Kritik an der Presse und an Medienkollegen (Text zu Fußnote 113) dürfte eine grundsätzliche gewesen sein. Doch konnte er sich den „Spielregeln" nur teils entziehen und musste sie andererseits mitmachen. Die Resonanz des jüngeren Publikums und deren Befeuerung durch Antwortbriefe unterschrieben mit „dein Freund Heinz" wurden dabei sicher aus einem Geschäftsinteresse genutzt, doch genauso sicher: nicht nur. (Das Geschäftliche wird hier häufiger angesprochen, da er selbstständig war.)

Während er unterwegs war, nämlich am 5. August 1952 bei seiner Ankunft in Hongkong, stellte er seinen Lebenslauf anders dar, als sich dies aus Archivquellen und späteren Darstellungen von ihm entnehmen lässt. Der Schulfunk-Bilderdienst des Nordwestdeutschen Rundfunks gab einen kurzen Lebenslauf wieder: „mit 18 Jahren machte er seine erste größere Radfahrt von Saarbrücken nach Südfrankreich; von dort fuhr er nach Calais und wieder zurück nach Saarbrücken. (Mit 18 Jahren war er nach Heinz Helfgens eigenen Angaben in den BG schon aus der Fremdenlegion geflüchtet. – Nach einer zusätzlichen Information war er noch in der Fremdenlegion, jedenfalls nicht mehr in Frankreich. S. Fußnote 126) „... Helfgens Lieblingssport waren von jeher das Radfahren und die Leichtathletik."[119] (Stefan Etzel kolportierte auf seiner Webseite, Helfgens Stärke sei der Dreisprung gewesen, „zudem war er ein im Saarland auch in den ersten Nachkriegsjahren noch recht bekannter Fußballer. Ironie des Schicksals: Ausgerechnet das Fahrrad war eigentlich nicht sein Lieblingsgerät. Er wählte es nur aus rein pragmatischen Gründen, um seine Idee des radelnden Reporters zu verwirklichen."[120]) Um moralisierenden Sichtweisen zu entgehen, wäre die Interpretation hilfreich, dass Heinz Helfgen alles tat, um den Erfolg des ganzen Unternehmens zu garantieren. Im Anbetracht seiner Erfahrungen im Nationalsozialismus und seinen Schwierigkeiten, seinen Beruf nach dem Krieg auszuüben, obwohl er offensichtlich viele Talente und Interessen hatte, ist das vielleicht nachvollziehbar.

Der Kompromiss, den er in dem Geschäftsfeld mit der „Frankfurter Abendpost" schließen musste, brachte ein Konglomerat an Informationen und Schreibstilen und damit einen Gewinn für die Leser- und Hörerschaft, der beträchtlich ist.: Ob der zeitweilige Vorsitzende von „Cap Anamur / Deutsche Not-Ärzte e.V.", Dr. Werner Strahl, der Helfgens Schulfunksendungen hörte und, dadurch angeregt, selbst Radreisen 1994 und später unternahm, ob der Langzeit-Globetrotter Heinz Stücke, ob Kinder, die den Schulfunk Anfang der 1950er Jahre hörten, der jugendliche begeisterte Preisträger in einem Düsseldorfer Fahrradverein, der seinen Kindern verbot, das „Heiligtum", Heinz Helfgens Bände, anzufassen,

---

[119] Jahrgang 4, Heft 15, S. 232/233.
[120] Vgl. Anm. 30.

Jugendliche, die sich das Buch zu Weihnachten wünschten, – sie alle waren beeindruckt von Heinz Helfgen, schilderten ihre persönliche Bereicherung durch seine Schriften und deren Auswirkungen auf sie. Durch einen Zeitungsartikel der „Rheinischen Post" zum 70. Jahrestag des Datums, als die Weltumradlung am 3. September 1951 begann, schrieb der „Düsseldorfer Radclub Düsseldorpia 1890 e.V." eine Seite über ihn und nannte ihn den „Urvater der Randonneure".[121] Auf den Zeitungsartikel der RP am 26.07.2021 gab es einige Resonanz durch LeserInnen und HörerInnen von Helfgens Berichten aus den 1950er Jahren. Unter anderen Reaktionen einiger Leser schickte eine Leserin drei Bilder, aufgenommen bei ihrer Begegnung mit Heinz Helfgen auf seiner Tour kurz vor Indien.

---

[121] http://rc-duesseldorpia.de/wp-content/uploads/2022/02/RCD-22022022-1-RCD1890onTour20220222.pdf, S. 19.

12 Ergänzungen und Zusammenfassung

Die komprimierte Übersicht über Heinz Helfgens Lebensdaten und literarische Leistungen in Literaturkalendern und -lexika ist nach seinen Selbstauskünften erstellt und offensichtlich nicht gegengeprüft worden. Dies ist in solchen Bänden bei der Menge der vorgestellten Personen nicht zu leisten. Die Angaben für den Eintrag in „Kürschners Deutschen Literaturkalender" von 1974 müssen von ihm direkt stammen.[122] Ein anderer Eintrag im „Deutschen Literatur-Lexikon" zeigt, wie bestimmte Informationen aus einer Quelle (hier: die mündliche Auskunft von Heinz Helfgen) vermittelt über mehrere Medien bzw. Personen weitergereicht werden und diese wegen fehlender Quellenkritik fälschlich als zweite, eigenständige Quelle angesehen wird.[123] Das Lexikon beruft sich als einzige Literatur für seine Angaben auf den Artikel im „Who's who in Western-Europe", dieser wiederum nennt als Verfasser der Angaben Stefan Etzel. Er bekam diese Informationen aufgrund seines Vertrauensverhältnisses zu Helfgen. Deshalb gab es für ihn sicherlich auch keinen Anlass, den Informationen zu misstrauen. (Die falsche Auskunft, er sei ein „Jesuitenzögling", hat Stefan Etzel aus dem Interview des Sterns mit Heinz Helfgen von 1975 geschlussfolgert.[124]) Die Informationen aus dem „Deutschen Literaturlexikon" finden sich auch auf der Wikipediaseite über Heinz Helfgen, inklusive der offensichtlich falschen Angabe von 1928 als Eintrittsdatum

---

[122] Werner Schuder (Hg.): Kürschners Deutscher Literaturkalender, Berlin 1974, S. 358.

[123] Lutz Hagestedt (Hg.): Deutsches Literaturlexikon. Das 20. Jahrhundert, Sechzehnter Band: Heinemann-Henz, Berlin/Boston 2011, Sp. 287.

[124] „Helfgen, der nach seiner Erziehung in einer Jesuitenschule Staatswissenschaft studiert hatte, ..." Artikel zu Heinz Helgen innerhalb der Stern-Serie "Gestern bekannte Leute - und heute?" 1975

in die NSDAP und des sachlich nicht möglichen Erwerbs des Doktortitels (s. u.). Wahrscheinlich hat Stefan Etzel – wohnhaft in Hessen – die Sendung des Saarländischen Rundfunks am 28.10.1991 zum ersten Todestag von Heinz Helfgen nicht gehört. Damit erfuhr Stefan Etzel nichts, was ihn auf neue Informationen hätte aufmerksam machen können. Die Seite von „Literaturland Saar", die diese auch enthielt, erschien im Mai 2020, ein Jahr nach Stefan Etzels Tod. Schon die Zusammenfassung von Heinz Helfgens „Biographischen Geschichten" auf den Internetseiten lässt die Frage aufkommen, wie er zwischen 1927 und 1933 neben seinen Fluchten und Seereisen innerhalb von Jahren, dem Ablegen des Abiturs, einer einjährigen Novizenschaft, Problemen mit den Gelübden und des Ordens als Institution und neuer Lebensorientierung zu einer eigenen Familie noch studieren und promovieren konnte. (Auch fragt sich, wo er das Geld für ein jahrelanges Studium hergenommen haben könnte in einem Orden, bei dem er sich mit einem Gelübde auf die Armut verpflichtete.) Man muss zu dem Ergebnis kommen, dass hier zwei ganz verschiedene Lebensläufe unkompatibel nebeneinanderstehen. Die Zugänglichkeit aussagekräftiger Archivquellen, die einen genaueren Einblick verschafften, erlaubt es zu erkennen, welche Behauptungen über seinen Lebenslauf in Zweifel gezogen werden müssen. In diesem Fall, was das Studium zwischen 1928 und 1930 betrifft, geht die Einschätzung über Zweifel hinaus: Die Behauptung kann nicht wahr sein, weil er erst im Frühjahr 1930 das Abiturzeugnis bekam und danach sofort das einjährige Noviziat begann.

Aus folgender Aufstellung ist zu ersehen, welche Angaben über Heinz Helfgen gemäß dieser Arbeit nicht mehr zu halten sind.:

Ereignisse und ihre Daten nach Heinz Helfgens Angaben für Kalender und Lexika[x]	nach offiziellen Quellen bzw. Heinz Helfgens Angaben in den „Biographischen Geschichten" [xx]
1928–1930 Studium der Theologie in Rio de Janeiro, dann der Geschichte in Wien und Graz	in dieser Zeit keine Hochschulstudien a) vom 31.10.1929–27.04.1930: Nachholen der gymnasialen Oberstufe und des Abiturs *Fn 119 Schulfunkbilderdienst, S. 232, zus. mit Fn 24 Curriculum vitae*
Jesuitenzögling -------->	in einem Kloster der Redemptoristen in Aparecida (in der Nähe von Rio de Janeiro) *Fn 24*
1930–1933 Studium der Politikwissenschaften in München u. promoviert zum Dr. rer. nat.	in dieser Zeit weder Hochschulstudium noch Dr.-Titel a) vom April 1930 bis zum 26.4.1931: einjähriges Noviziat in der Nähe von São Paulo b) von Mitte 1931 bis ca. November 1932: Aufenthalte in Kloster Gurk, Kärnten, und Kloster Gars, Bayern *a) FN 24 Erste Profess, b) Fn 26 Zeugnisse*
1934/1935 Reporter	möglicherweise 1934 Reporter für „Diaros Associados" über „Associated Press", teilweise in Brasilien *S. 36 oben, Text bis zum Gedankenstrich*

vor BG	nach BG
1935–1937 von der Gestapo wegen eines regimekritischen Beitrags inhaftiert	**am 10.01.1935 regimekritischer Leserbrief, also nicht aus der Tätigkeit als Journalist heraus; zwei Inhaftierungen durch die Gestapo, die 2 und 5 Monate dauerten und nicht über ein Jahr** *Abb. 2, S. 38; Entnazifizierungsakte (Fn 60)*
ab 1940 zur Wehrmacht eingezogen und als Kriegsberichterstatter dienend	1940 freiwillig als Soldat gemeldet (nach seinen glaubhaften Angaben zum Schutz vor Einweisung in ein Konzentrationslager) 1942–1943 Doppelfunktion als Soldat und Kriegsberichterstatter *Texte zu und in Fn 69, 79 und 89*

x) entnommen dem „Deutschen Literatur-Lexikon" und dem Wikipedia-Beitrag „Heinz Helfgen" – fast gleichlautend, wahrscheinlich persönlich durch Heinz Helfgen Stefan Etzel mitgeteilt und von diesem veröffentlicht, s. Texte zu und in Fußnote (Fn) 128/129 und auf St. Etzels Homepage bzgl. „Jesuitenzögling" (s. Fn 24)

xx) mit Verweisen auf Fußnoten (Fn)

Abb. 3 (Tabelle): Abgleich einerseits kolportierter Angaben über Heinz Helfgens Lebenslauf an andererseits recherchierten Daten und Ereignissen sowie der Zusammenfassung der „Biographischen Geschichten" und deren auszugsweisen Wiedergabe in der Gedenksendung vom 28.10.1991

Eine ungeklärte Frage ist die Dauer von Heinz Helfgens Zugehörigkeit zur Fremdenlegion in den 1920er Jahren. Diese ist wichtig, weil es einen Unterschied macht, ob jemand drei Monate dort ausgebildet wurde oder 21 Monate mehr und dabei vielleicht an Einsätzen teilnahm, besonders als noch nicht Erwachsener. In dem Teil der „Biographischen Geschichten", der zitierbar ist, weil er in der Gedenksendung zum 1. Jahrestag seines Todes verlesen wurde[125], legt er sich auf drei

---

[125] Vgl. Anm.18.

Monate fest, Eintritt im Alter von fast 17 Jahren, also Anfang 1927. (Außerdem las der Sprecher dort aus den „BG" vor: „Die französischen Kommandos stecken mir heute noch mehr in den Gliedern als jene deutschsprachigen Befehle, die ich ein gutes Dutzend Jahre später im zweiten Weltkrieg erlernen musste." – was für eine mehr als dreimonatige Dauer der Ausbildung in der Fremdenlegion spricht.) In dem „Curriculum vitae" nennt er als Fluchttag den 08. Februar 1929. Im Gegensatz zu den „BG" schildert er aber für Anfang 1927 den Eintritt in eine Missionsanstalt.[126] Aus quellenkritischer Sicht kann aber dieser Aufenthalt als vorgeschoben vermutet werden. Die Nennung der Missionsanstalt kann als ein Beleg gelten, an dem er sein Interesse, Missionar zu werden, festgemacht hat. Indem er kein Datum für den Austritt aus der Missionsanstalt, lässt aus seinen Angaben nicht erschließen, wie lange der Aufenthalt dort und darauffolgend in der Fremdenlegion war – was vermutlich der geplante Nebeneffekt war.

Diese Quellenkritik ist kein Beweis, dass die Missionsanstalt erfunden wurde, sondern ein Hinweis, dass andere Wege gefunden werden müssten, etwa über Archivrecherche, wenn Gewissheit erreicht werden soll.[127] Informationen aus dem Archiv der Fremdenlegion zu Heinz Helfgen sind aber, wie zu Beginn dieses Buches genannt, nur seiner Familie zugänglich.

Als Beispiel für Eigenschaften, die nicht offensichtlich sind, lässt sich das systematisch Ziele Setzen und das Planen in Heinz Helfgens Lebensweg ab 1951 anführen. Deshalb ist es hilfreich, dass er in einem

---

[126] Vgl. Anm. 24 – 2. Zitation.
[127] Vgl. Text hinter Text zu Anm. 22.

Zeitungsgespräch äußerte, er sei vorsichtig an die Reisen herangetreten und habe sich zuerst mit der jeweiligen Sprache und Kultur vertraut gemacht. „Seine Reisen hätten immer bestimmten Zwecken gedient. Er wollte die ‚Menschen aller Jahrhunderte' kennenlernen, er sei immer bestrebt gewesen, den Unterschied zwischen modernster Technologie und primitivster Lebensweise in einem Land kennenzulernen."[128]

Die Frage nach dem Doktortitel ist scheinbar heikel. Aus seinem Lebenslauf ab 1926 ist allerdings zu ersehen, dass er überhaupt keine Zeit hatte, ihn zu erwerben. Denn nach seinem Abitur und dann nach dem Noviziat vom April 1930 bis zum April 1931 lebte er bis zum Verlassen des Ordens im November 1932 nur noch 1½ Jahre in österreichischen bzw. deutschen Klöstern der Redemptoristen. In seiner Entnazifizierungsakte nannte er das Jahr 1934 als sein letztes als „Student". Es ist unwahrscheinlich, dass jemand, der einen Abschluss hat, „Student" schreibt. Später gab es keine Möglichkeit mehr, ein Studium aufzunehmen, wie sich bis zu dem Jahr 1949, in dem die Entnazifizierungsakte entstand, ergibt. Der Widerspruch, dass er 1947/48 vor dem Landgericht Tübingen behauptete, eine Promotion in Volkswirtschaft zu haben und 1955 in der Saarbrücker Zeitung abdrucken ließ, er habe in Soziologie in Chicago promoviert[129] und zum Dritten der angebliche Doktortitel in Politikwissenschaft gemäß den Angaben im Wikipedia-Artikel macht die Behauptung einer Promotion ganz unglaubwürdig.

---

[128] meb.: von Völklingen (wie Anm. 16 – 2. Zitation), ARTIKELSAMMLUNG (wie Anm. 2).

[129] [nicht genannter Autor]: Gespräch mit Dr. Heinz Helfgen. Ein Saarländer will der Welt die Welt zeigen, wie sie wirklich ist, v. 15.04.1955, ARTIKELSAMMLUNG (wie Anm. 2).

Trotz genauer Recherche an der Ludwig-Maximilians-Universität München ist dort der Name Heinz Helfgen weder in den „Personal- und Studentenverzeichnissen" noch in den „Verzeichnissen über Doktoren und Dissertationen 1472–1970" zu lesen.[130] Die Bemerkung aus biografischen Notizen von der archivierten Homepage über ihn: „Nach dem Krieg angesichts der Millionen Witwen und Waisen Regressansprüche auf Titel und Geld nicht wahrgenommen",[131] ändert nichts an der Unmöglichkeit, dass er einen Doktortitel überhaupt erwerben konnte.[132]

Anzunehmen ist – wie bereits für die Zeitungsgespräche in den USA speziell festgestellt –, dass Helfgen den Doktortitel auch in anderen Fällen als „Türöffner" benutzte, weil er sich davon versprach, dass er dadurch einen Arbeitsplatz erhalten oder beruflich bzw. gesellschaftlich anerkannt werden könnte. Seine besonderen beruflichen Leistungen als Sportler, Journalist und Schriftsteller nach dem Krieg waren offensichtlich auch ohne eine Doktorarbeit – von seinen Fähigkeiten her betrachtet – möglich.

Doch kann dies alles nur – und auch nur zeitweise – die Garnitur geliefert haben für sein alltags- und schreibhandwerkliches, organisatorisches, kommunikatives, interaktives, rhetorisches und argumentatives Geschick und seine empathischen, Menschen einnehmenden,

---

[130] Information per E-Mail vom Universitätsarchiv München, Dr. Claudius Stein, v. 30.03.2021 Auch Rainer Petto hatte für seine Zusammenfassung der „PG" an der Universität München nachgefragt und die negative Auskunft auf „literaturland.saar.de" aufgeführt.
[131] ENTWURF GEDENKEN (wie Anm. 45), Punkt „Biographisches".
[132] Die Verlässlichkeit der Aussagen in diesen Notizen steht jedoch beim nächsten Satz in Frage: „Wegen NSDAP-Feindlichkeit im Krieg nur Schütze in einem ‚Bewährungsbat.'...". Dass er als „Kriegsberichter" daneben den Rang eines Hauptmanns hatte, also auch Offizier war, teilt er an dieser Stelle nicht mit. – Ebda.

fremdsprachlichen und schöpferischen Fähigkeiten. Diese können den Lesern aufgefallen sein oder auch nur deren Begeisterung geschürt haben, ohne bewusst wahrgenommen zu werden. Es wäre sinnvoll, wenn einmal die Wirkweise, die die Faszination der ersten drei Bücher ausmachte, aus dem Schreib- bzw. Erzählstil literaturwissenschaftlich erschlossen würde, und zwar auf dem Hintergrund dieser archivgestützten Schilderung der Lebensstationen bis 1951. Damit würde Helfgens Leistung erst hinreichend erkannt und gewürdigt werden. Das wäre differenzierter, als das, was im kultur-Magazin online „Rheinische Art" seit November 2020 über die ersten beiden Bücher zu lesen ist: „Seine Geschichten wurden als Lehrstücke des Journalismus in der Vor-TV-Ära gelobt, als Mischung aus Neugier, Risikobereitschaft, journalistischem Spürsinn und sportlicher Spitzenleistung."[133]

Heinz Helfgen war nach den Reisen etwa ab 1968 ein Projektemacher, der mit einem selbsterfundenen Auslegerboot für die Ost-West-Passage in der Nordsee Schiffbruch erlitt, einen selbstentwickelten Wasserski auf der Saar testete und Pläne für einen Zeppelin zeichnete, der zum Sightseeing gedacht war.[134] Im Gegensatz zu diesen Projekten, die scheiterten, war die große Fahrradreise ein Projekt, dessen Risiko er und seine Familie hauptsächlich schulterten – und das gelang.

---

[133] Claus Peter Woitschützke: In 800 Tagen um die Welt, online-Magazin „Rheinische Art", 11/2020, auf: http://www.rheinische-art.de/cms/topics/heinz-helfgen-ich-radle-um-die-welt-radtouristik-weltumradlung-journalismus.php. (Aufruf am 31.03.2025) – Diese Charakterisierung, geschrieben in Anlehnung an die aus der Einführung von Stefan Etzel in der Neuauflage von „Ich radle um die Welt", bleibt im Feuilletonistischen, hat aber für diesen Bereich ihre Berechtigung.
[134] Petto: Einleitung (wie Anm. 18).

Aus seinen Büchern ist zu erschließen, dass Helfgen sowohl Einzelgänger als auch Kumpel/Freund und Kamerad war. Durch seine außergewöhnliche sportliche Begabung hob er sich von anderen ab, was vermutlich eine gewisse Distanz erbrachte. Auch führte er die ersten zwei Weltreisen alleine durch. Die Leistung, ja: Hochleistung, birgt die Gefahr, sich und sein Leben dieser ganz unterzuordnen. 1968 äußerte er gegenüber der Saarbrücker Zeitung: „Mein Wahlspruch hieß von jeher: ‚Immer nur vorwärts!'".[135] Der von Helfgen gebrauchte Begriff „Selbstüberwindung" passt auf das, was er aktivieren musste, um vorwärts zu kommen. Es fällt auf, dass er auf der Weltreise mehrmals plötzliche Erkrankungen (Malaria, Amöbenruhr), einen starken Gewichtsverlust und mehrere Zusammenbrüche erlitt. Anders als heutige Hochleistungssportler war er – zumindest zu der Zeit der Weltumradlung – Raucher und erzählte auch in den beiden Bänden neben dieser sportlichen Höchstleistung von Alkoholkonsum und Vollräuschen. Dies schien ihm und dem Publikum damals nicht despektierlich. Er erlitt 1962 – also mit 52 Jahren – einen Herzinfarkt.[136] Dieser erlaubte Abenteuerreisen nicht mehr, der Versuch einer Seereise mit der „Pax Polaris" misslang.[137]

Helfgen hatte den Mut, auch negativ Interpretierbares über sich preiszugeben, womit emotionale Schwankungen, Jähzorn, eigene Fehler und Schwächen gemeint sind. (Das machte ihn aber auch sympathisch, da er seine menschliche Seite nicht verschwieg.) In den „Biographischen Geschichten" nennt er kritische Situationen, die in seinem

---

[135] rss.: Nordwest-Passage (wie Anm. 63 – 2. Zitation) ARTIKELSAMMLUNG (wie Anm. 2).
[136] S. Rainer Petto: Einleitung (wie Anm. 18).
[137] Ebda.

Leben persönliche Katastrophen waren: der Tod seiner Mutter, als er acht Jahre alt war, Konflikte mit der Stiefmutter bis zur Flucht in die Fremdenlegion, Verbauung von Zukunftschancen durch deutsche Behörden nach der Flucht aus der Fremdenlegion und Gestapohaft. Von anderen persönlichen, schlimmen Ereignissen, neben dem plötzlichen Tod seiner Mutter, berichtet Helfgen nicht. Doch zählt der Tod seiner beiden Söhne, genannt auf der Wikipedia-Seite über ihn, sicherlich zu den besonders belastenden Geschehen. In „Spur entlang der Wüste" weist er auf ein Trauma aus einem Kriegsereignis vor seiner Gefangennahme 1943 hin. Hinzu kommen Gerichtsverhandlungen nach „Dummheiten", wie sie sich aus den Akten ergeben. Einiges davon ist wohl – nachvollziehbar – zum Tabuthema geworden und musste in dem Fall in Büchern und Interviews umgangen werden. Fluchtimpulse scheint er dadurch „gezähmt" zu haben, dass er aus dem jeweiligen Impuls ein Projekt machte.

Helfgens Äußerungen war immer zu entnehmen, dass er sich als Globetrotter und Kosmopolit verstand, der den Einsatz für Völkerverständigung zu seiner Lebensaufgabe machte. Dafür bekam er sicher nicht von allen Zustimmung. Gegen seine grundsätzliche Toleranz spricht nicht, wenn er bei der Schilderung seiner Beraubung durch burmesische Aufständische, als sein Blick auf eine unbewacht scheinende Maschinenpistole fiel, schreibt: „... – ich wollte ihnen schon zeigen, was es bedeutet, einen Weißen auszuplündern!"[138] Das war nicht politisch korrekt und stand im Widerspruch zu seinen idealistischen Zielen, aber es war ehrlich. Hätte er nicht seine ursprüngliche Empfindung niedergeschrieben, sondern etwas Ausgedachtes, wäre ihm das, jedenfalls in den 1950er Jahren, nicht abgenommen worden. – In der Neuausgabe

---

[138] Helfgen: Ich radl. u. d. Welt 1955, Bd. 2 (wie Anm. 63 – 4. Zitation), S. 13.

von „Ich radle um die Welt" ab 1988 fehlt die Schilderung seiner Beraubung in Burma ganz.

Für jemanden, der redensartig wie eine Kerze von beiden Seiten brannte, waren Europa, Deutschland bzw. das Saarland zu klein, um sich mit einem Kennenlernen zufrieden zu geben. Helfgens Büchern ist jedoch zu entnehmen, dass er sich als Botschafter seiner Heimat und Nation verstand. Aus seiner Jugend rührt die Vorstellung vom „Geist des Ganzen" als mystischer Gottesbegriff. Diese aus einer Unterhaltung der Erwachsenen entnommenen Formulierung steht für seine wohl lebenslange globale Vorstellung: die Große Welt und das Universum als sein Faszinosum und er als Weltbürger.[139]

Auch diesbezüglich hat Helfgen noch im Alter dazugelernt bzw. seine Vorstellungen ausgestaltet. Heinz Helfgen bringt in „Gedankensplitter zum Verständnis eines Schriftstellers zu dem Kapitel ‚Weltfriede durch Naturgesetz'" philosophisch-religiöse Betrachtungen. Sie sind die Quintessenz aus seinem Leben und auch dessen verhalten optimistisches und melancholisches Resümee. Dass „unsere so übertrieben hochgelobte Zivilisation dabei ist, das für uns, für die Menschheit, lebensnotwendige Gleichgewicht aus den Angeln zu heben, das sogenannt ökologische Problem" machte ihm zum Ende seines Lebens hin zu schaffen. „Wer diesen unseren Planeten wirklich in seiner Realität erleben will, wird bald feststellen, dass er ihn erleiden muß."[140] Vor

---

[139] Vgl. Rainer Petto: Heinz Helfgen (wie Anm. 14).

[140] ENTWURF GEDENKEN (wie Anm. 45), Punkt „Gedankliches". – Aus dem letzten Abschnitt dieser „Gedankensplitter" lässt sich vermuten, dass sie in den 1980er Jahre geschrieben wurden.

diesem Wechsel hatte er in Abenteuern die Natur (Tiere: Großwildjagd, Wildnis: „Grüne Hölle") als Gegner bzw. jenseits von Abenteuern
unberührte Gebiete als reines Rohstoffreservoir und eine ausbeutbare
Gabe angesehen und dargestellt.

Dieser Wechsel scheint ein Bruch mit dem Heinz Helfgen zu sein,
den seine Anhängerinnen und Anhänger verehrt haben. Die Gedankensplitter sind auch nicht von Heinz Helfgen veröffentlicht worden.
Doch als Journalist und Schriftsteller hat er zu Recht die Aufgaben seiner Zeit in der Völkerverständigung und in demokratischen Verhältnissen gesehen. Der damals avantgardistische Umweltschutz und die
ebensolche Ökologie hätten ihm als Nischenthemen keinen Broter-
werb gebracht.

13 Schluss

Viel Gesichertes in Form von Akten ließ sich auch 30 Jahre nach Heinz Helfgens Tod noch zusätzlich zu schon Bekanntem über ihn finden. Ob sich darauf gesicherte Aussagen stützen können, ist teilweise möglich.

Es liegt bei diesem Lebensweg nahe, dass 1. mögliche Traumata und daraus resultierende Tabus, aber auch 2. übliche Bedenken gegen das Äußern von allgemein als unwahrscheinlich eingeschätzte Darstellungen und 3. schriftstellerische Erwägungen ihn zur Veränderung, Weglassung oder Hinzufügung von Tatsachen bewogen.

Die Gefahr hinsichtlich der Glaubwürdigkeit ist, dass Leserinnen und Leser, die pauschal vertrauen, bei Zweifeln in das genaue Gegenteil, nämlich grundsätzliches Misstrauen, verfallen. Bei Heinz Helfgen ist eine genauere Kenntnis seines Lebensweges und zumindest einiger seiner Bücher hilfreich, um die von der Wahrheit abweichenden Darstellungen als tolerabel ansehen zu können. Ausführungen, in denen Helfgen auch Fehler und Fehlverhalten darstellt, lassen mich von seinem prinzipiellen Willen zur Orientierung an wahrer Information ausgehen.

Die Neuauflage von „Ich radle um die Welt" bietet interessante, neue Informationen. Die ursprünglichen Informationen in den Auflagen aus den 1950er und -60er Jahren machen die damalige Sicht klar und haben daher auch ihren Sinn. Die Neuauflage und die alten Auflagen nebeneinandergelegt und verglichen, ermöglichen Erkenntnisse.

Es ist bedauerlich, dass die deutschsprachige Seite über Heinz Helfgen auf Wikipedia durch eine andere Online-Enzyklopädie (Wikimedia) in 14 Sprachen zum Zwecke der teils aufdringlichen Werbung übersetzt wurde (s. Text zu Fußnote 6). Jedenfalls gibt das Interesse an ihm einen Wink, dass auf Wikipedia statt auf Wikimedia die Übersetzungen auch eine Leserschaft in anderen Ländern ansprechen könnte.

Reizvoll fände ich eine Herausgabe der „Biographischen Geschichten" und von „… und überall waren sie Menschen. Erzählungen eines alten Globetrotters", möglichst mit kritisch-editorischen Kommentaren.

Die Lesungen aus den „Biographischen Geschichten" von Hans Mittermüller lassen vermuten, dass auch die Radreise-Bände und „Ich trampe zum Nordpol" als Hörbuch eine Wirkung entfalten könnten. Der Wechsel von Umgebungsschilderungen, Reflexionen zu Themen, inneren Monologen und Gesprächsszenen kann gesprochen einen Rhythmus offenkundig machen, der ohne Verbalisierung nur inwendig gespürt wird.

Wie bereits oben erwähnt (s. Fußnote 133), lässt sich literaturwissenschaftlich genauer beschreiben, weshalb Helfgens Schreibstil in seinen Reisebeschreibungen so fasziniert. Wenn er überhaupt mit Karl Mays Stil vergleichbar ist, wäre das einmal näher zu beschreiben.[141] Auch ist die historische Beschäftigung mit Heinz Helfgen und seinem Lebenswerk mit diesem Beitrag nicht abgeschlossen. Ich möchte daran nicht mehr arbeiten, sehe aber noch folgende interessante Recherchefelder zu

---

[141] Stefan Etzel schreibt auf seiner Homepage: „‚Helfgen in Hindustan' titelte die Abendpost, oder ‚Helfgen auf Tigerjagd mit dem Kaiser von Indochina'. Ein Hauch von Karl May …" (wie Anm. 30) – Dass Stefan Etzel diesen „Hauch" auf einzelne Aspekte bezieht, ist schnell vergessen. Dann ist es nicht weit zur unhaltbaren und so nicht geäußerten Feststellung, dass Helfgen ähnlich wie Karl May schreibt.

1.) den gesamten Artikeln der „Frankfurter Abendpost",
2.) möglichst vielen Artikeln, die Heinz Helfgen in den Orten seiner Rast während seiner Weltumradlung schrieb,
3.) Artikeln, die er 1934 für „Diarios Associados (AP)" in Brasilien schrieb,
4.) Spuren seiner Bemühungen um die Weltbürgerbewegung 1948/1949 in Publikationen, evtl. in Privatsammlungen,
5.) Zeitungsartikel aus Paris und dem Saargebiet von 1947 bis 1949, die seine Fußballaktivitäten nach dem Zweiten Weltkrieg dokumentieren.

Seine Reiseberichte können einen Beitrag leisten, die Problematik von Regionen dieser Erde besser zu verstehen. Von den arabischen Staaten Nordafrikas über den Nahen, Mittleren und Fernen Osten gibt es wie damals noch viele Regime, die Menschenrechte ignorieren. Die Verstrickungen der entwickelten Staaten darin wurden von ihm für die 1950er und -1960er Jahre anschaulich gemacht und könnten als Aufhänger für die Beschäftigung damit dienen.

Bei meinem E-Mail-Austausch mit einem Redemptoristen-Kloster – das die Nachfrage zum zentralen Archiv beim Generaloberen der Redemptoristen in Rom weiterleitete – erhielt ich die Bitte, das Todesdatum und den Ort zu nennen, damit dies in den Unterlagen hinzugefügt werden kann. Ich gehe davon aus, dass dies nicht allein zum Abhaken einer bürokratischen Pflicht nachgefragt wurde, sondern als Respekt vor dem Menschen und vor seinen Entscheidungen über seinen Lebensweg. Er war eben nicht für sie „gestorben", als er den Orden verließ, sondern am Ende seiner Lebensspanne.

Am Schluss des Buchs steht die Frage, was an neuer Einsicht über Heinz Helfgen in einen lexikalischen Lebenslauf einfließen kann. Heute scheint einerseits Wikipedia durch seine schnelle Verfügbarkeit die führende Enzyklopädie zu sein; aus wissenschaftlicher Sicht muss man aber öfter den Anspruch, evidenzbasierte Artikel zu erstellen, als nicht erfüllt betrachten.

Zu meinem Bedauern konnte die Veröffentlichung einer kürzeren Vorversion dieses Buches in einer Zeitschrift – nach wissenschaftlichem Lektorat – nicht stattfinden. Es fand sich für eine gemeinsame Durchsicht nach Jahren kein gemeinsamer Termin bis ein Zuwarten nicht mehr möglich war.

Ich selber stehe auf dem Bachelor-Niveau, was die geschichtswissenschaftliche Qualifikation betrifft. Zusammen mit der Veröffentlichung im Selbstverlag ist das kein Gütezeichen. Ohne doppelten Boden bleibt der Leserschaft daher ein eigenständiges Urteil nur auf einem einzigen Boden, dem ihren.

Ich werde mich nicht an einer Bearbeitung des Wikipedia-Beitrags zu Heinz Helfgen beteiligen. Es ist aber sinnvoll, die herausgebenden Verlage von Lexika oder Kalendern, die über Heinz Helfgen einen Beitrag gebracht haben oder daran interessiert sein können, über dieses Buch zu informieren.

Dank sei allen, die geduldig meine Fragen beantworteten, mir Anregungen gaben, meine Neugierde teilten, mich wohlwollend begleiteten und mich bei Schwierigkeiten unterstützten. Doch die letztliche Verantwortung bleibt bei mir.